ART
DE
FAIRE LES VINS
DE FRUITS,

PRÉCÉDÉ

D'UNE ESQUISSE HISTORIQUE SUR L'ART DE FAIRE LE VIN
DE RAISIN ; DE LA MANIÈRE DE SOIGNER UNE CAVE ;

SUIVI

de l'Art de faire le Cidre, le Poiré, les Hydromels, les
Arômes, le Sirop et le Sucre de pommes de terre ;
d'un Tableau de la quantité d'Esprit contenue dans
diverses qualités de vins ; de Considérations diététiques
sur l'usage du Vin ; et d'un Vocabulaire des Termes
scientifiques employés dans l'Ouvrage.

TRADUIT DE L'ANGLAIS DE *ACCUM*,
AUTEUR DE L'ART DE FAIRE LA BIÈRE.

PAR MM. G*** ET OL***

PARIS,
RAYNAL, LIBRAIRE,
RUE PAVÉE-SAINT-ANDRÉ-DES-ARCS, N° 13.
1825.

Mais l'habitude, qui devient une seconde nature, avoit rendu le cavalier et sa monture capables d'endurer le poids de cette lourde panoplie. A la vérité un grand nombre de guerriers partis de l'Occident pour accourir dans la Palestine y avoient trouvé la mort avant d'avoir pù s'acclimater soûs ce ciel brûlant ; mais il en étoit d'autres pour qui ce climat avoit cessé d'être dangereux ; et étoit même devenu salutaire ; parmi ces heureux, se trouvoit le chevalier solitaire qui côtoyoit alors les bords de la mer Morte.

La nature, qui avoit jeté ses membres dans un moule d'une force peu commune, et qui leur avoit donné la vigueur nécessaire pour porter un pesant haubert aussi facilement que si les mailles en eussent été de soie, l'avoit doué d'une constitution aussi robuste que ses membres, et défiant les change-mens de climat comme les fatigues et les privations de toute espèce. Son caractère sembloit partager, jusqu'à un certain point, les qualités de son corps, et de même que son physique réunissoit une grande force à la faculté de pouvoir se livrer aux plus pénibles travaux et de les sup-

ART
DE FAIRE LES VINS
DE FRUITS.

PARIS. — IMPRIMERIE D'A. ÉGRON,
RUE DES NOYERS, N° 37.

ART

DE

FAIRE LES VINS

DE FRUITS,

PRÉCÉDÉ

D'UNE ESQUISSE HISTORIQUE SUR L'ART DE FAIRE LE VIN
DE RAISIN ; DE LA MANIÈRE DE SOIGNER UNE CAVE ;

SUIVI

de l'Art de faire le Cidre, le Poiré, les Hydromels, les
Arômes, le Sirop et le Sucre de pommes de terre ;
d'un Tableau de la quantité d'Esprit contenue dans
diverses qualités de vins ; de Considérations diététiques
sur l'usage du Vin ; et d'un Vocabulaire des Termes
scientifiques employés dans l'Ouvrage.

TRADUIT DE L'ANGLAIS DE *ACCUM*,

AUTEUR DE L'ART DE FAIRE LA BIÈRE.

PAR MM. G*** ET OL***.

PARIS.

RAYNAL, LIBRAIRE,
RUE PAVÉE SAINT-ANDRÉ-DES-ARCS, N° 13.

1825.

PRÉFACE

DES TRADUCTEURS.

En général, le lieu où une industrie se développe le plus est précisément celui où le besoin s'en fait le plus sentir. L'Angleterre, privée par la nature, du fruit le plus propre à faire le vin, a cherché à y suppléer avec toutes sortes de fruits. Elle en a poussé l'imitation beaucoup plus près qu'on ne se le figure communément en France. Dans ce dernier pays, qui est le mieux partagé en vignes, ce qui a été tenté pour faire des vins de fruits est très-imparfait. Le raisin, même en France, n'est pas le seul fruit qui puisse être employé à la fabrication du vin : loin de là, presque tous les fruits, convenablement traités, surtout ceux qui ne contiennent pas une trop grande quantité d'acide malique, sont très-propres à cet usage et plusieurs même avec économie. C'est pourquoi nous avons pensé que la traduction du présent ouvrage ne serait point dépourvue d'utilité. C'est le résumé simple, clair et précis des procédés suivis dans la Grande-Bretagne pour la fabrication des vins factices. Nous avons jugé à propos d'y joindre un assez grand nombre d'articles pour en faire un ouvrage plus complet. Nous avons donné tous les renseignemens désirables sur l'opération du soufrage et celle du soutirage qui n'y étaient qu'indiquées, et nous sommes entrés dans tous les détails nécessaires pour guider dans le choix des bouteilles et des caves. Comme dans ces derniers temps on a beaucoup vanté un appareil vinificateur de Mlle Gervais, on sera bien aise de pouvoir l'apprécier à sa juste valeur : c'est pourquoi nous avons fait connaître à cet égard l'opinion d'un de nos premiers chimistes, M. Thénard.

Dans un pareil traité de la fabrication des vins de fruits, il a paru indispensable de joindre la description des procédés employés pour fabriquer le cidre et le poiré, ainsi que le moyen de faire l'hydromel.

On y trouvera aussi les principes généraux de la fabrication des vins de liqueurs. Comme le sirop et le sucre de pommes de terre sont d'un excellent emploi pour la fabrication des vins artificiels, et que d'ailleurs leur usage commence à beaucoup se répandre, nous avons expliqué en détail le procédé qu'il faut suivre pour faire ces deux substances.

Cet ouvrage renfermant plusieurs termes chimiques qui pourraient ne pas être compris de quelques personnes, on trouvera, à la fin, un vocabulaire qui les mettra à la portée de tout le monde.

PRÉFACE

DE L'AUTEUR.

MON but principal, dans ce traité, a été de donner une description concise de l'art de préparer les différentes sortes de vins de fruits, pour mettre ceux qui n'ont aucune connaissance sur cette matière, à même de procéder facilement et avec succès.

J'ai donné d'abord une esquisse historique de l'art de faire le vin et j'en ai éclairci les principes généraux, sans l'observation desquels toute tentative pour préparer des vins domestiques dépendra du hasard et sera toujours trompeuse et incertaine.

J'ai déterminé les caractères distinctifs des vins de fruits, et leurs différences chimiques avec le vin de raisin. J'ai indiqué quels sont les fruits les plus capables d'être convertis en vin, et donné.

des recettes pour en préparer plusieurs des plus généralement estimés.

Enfin, d'après l'autorité d'un savant distingué, j'ai signalé quelques erreurs répandues relatives à la fabrication des vins et les mauvais effets qui en résultent.

ART
DE FAIRE LES VINS
DE FRUITS.

~~~~~~

LIVRE PREMIER.

————

CHAPITRE PREMIER.

Esquisse historique de l'art de faire le vin.

Il est impossible de préciser l'époque de la découverte du vin ; elle se perd dans la nuit des temps, et l'origine du vin a ses fables comme les autres choses qui sont devenues des objets d'une utilité générale. Presque tous les pays qui produisent du vin se sont vantés d'avoir quelque divinité particulière à laquelle ils en ont attribué la découverte.

Atheneus rapporte qu'Oreste, fils de
~~~~~~

Deucalion, vint régner sur l'Etna, où il planta la vigne. Les historiens s'accordent à regarder Noé comme le premier qui fit du vin en Illyrie, Saturne en Crête, Bacchus dans les Indes, et Osiris en Égypte. Un poëte, qui attribue à chaque chose une origine divine, pense, qu'après le déluge, Dieu accorda le vin à l'homme pour le consoler de sa misère. L'étymologie elle-même du mot vin a donné lieu à diverses opinions parmi les auteurs. Mais, parmi toutes ces fables par lesquelles les poëtes, qui sont toujours de mauvais historiens, ont obscurci l'origine du vin, on peut recueillir quelques vérités précieuses parmi lesquelles nous pouvons mettre les suivantes.

Les Égyptiens enseignèrent d'abord la culture de la vigne aux Asiatiques, qui l'enseignèrent aux Grecs, et ceux-ci aux Romains.

Les auteurs les plus anciens attestent, non-seulement qu'ils connaissaient l'art de faire le vin, mais encore qu'ils avaient des idées fort exactes sur ses diverses qualités et sur les différens moyens de le pré-

parer. Le nectar et l'ambroisie faisaient, à
ce qu'on rapporte, les délices des divinités
païennes.

Les plus anciens auteurs où nous trou-
vons quelques faits exacts sur la fabrication
des vins, ne nous permettent pas de dou-
ter que les Grecs n'aient fait de grands
progrès dans l'art de les préparer et de les
conserver. Ils distinguaient deux espèces
de vin : l'un, fait avec le jus qui découle
spontanément des raisins avant qu'ils
soient écrasés ; et l'autre, de celui que l'on
exprime en les écrasant.

Homère donnait au vin le nom de boisson divine. En son temps, plusieurs espèces de vins étaient bien connues ; et,
d'après les louanges qu'il leur donne, il
paraît, comme l'observe Horace, qu'il
avait souvent éprouvé l'hilarité qu'ils procurent. C'est le vin qui animait ses guerriers aux conseils comme sur le champ de
bataille. Nestor était non moins remarquable par la manière dont il buvait le vin
que par ses longues années.

Platon, qui restreint strictement l'usage
du vin et qui en censure sévèrement l'ex-

cès, dit que jamais Dieu n'accorda rien de plus précieux au genre humain. Platon, Eschyle et Salomon lui attribuent la propriété d'augmenter l'intelligence. Mais aucun écrivain n'a mieux décrit les propriétés du vin que le célèbre Galène, qui assigne à chaque espèce ses différens usages et décrit les qualités qu'elles acquièrent par l'âge, la culture et le climat.

Les Grecs avaient coutume, pour prévenir l'ivresse, de se frotter les tempes et le front avec des onguens précieux et des toniques. On connaît l'anecdote de ce fameux législateur, qui, pour réprimer l'intempérance du peuple, l'autorisa par une loi expresse; et nous lisons que Lycurgue fit exposer en public des gens ivres, pour inspirer à la jeunesse de Lacédémone l'horreur de l'ivrognerie. A Carthage une loi défendait l'usage du vin pendant la guerre. Platon l'interdisait à la jeunesse jusqu'à l'âge de vingt-deux ans. Aristote faisait la même défense aux enfans et aux nourrices; et Palmarius nous apprend que les lois de Rome n'accordaient aux prêtres et à ceux qui étaient employés dans les sacrifices, que trois petits verres de vin à leurs repas.

En lisant attentivement ce qu'Aristote et Galène nous ont transmis sur la préparation des vins les plus célèbres de leur temps, il n'y a pas de doute que les anciens n'aient employé la chaleur artificielle pour concentrer certaines espèces de vin, dans le but de les conserver long-temps.

Aristote dit positivement que les vins d'Arcadie devenaient tellement concentrés dans les outres où on les conservait, qu'on était obligé de les délayer dans l'eau pour les rendre potables.

Pline parle de vins gardés cent ans qui étaient devenus aussi épais que du miel, et qu'on ne pouvait boire qu'après les avoir délayés dans l'eau chaude et passés dans un drap.

Galène parle de quelques vins de l'Asie qui, mis dans de grandes bouteilles, près du feu, acquéraient, par l'évaporation, la solidité du sel.

Il est certain qu'il y avait des vins de cette nature que les anciens conservaient dans les parties supérieures de leurs maisons, et exposées au midi ; ces endroits portaient le nom de *apotheca vinaria*.

Mais tous ces faits ne se rapportent qu'à des vins doux, épais et peu fermentés, ou plutôt à des sucs non altérés, mais seulement concentrés. C'était des extraits plutôt que des liqueurs. Pour chaque espèce de vin, il y avait un temps connu et déterminé avant lequel on ne pouvait le boire. Dioscorides fixe ce temps, terme moyen, à sept ans. Selon Galène et Atheneus, on ne buvait jamais le meilleur vin de Falerne avant dix ans ni après vingt. Les vins d'Alban devaient avoir vingt ans, celui de Surrentine, vingt-cinq, etc. Macrobe raconte que Cicéron étant à souper avec Damisippus, on lui servit du vin de Falerne de quarante ans, que Cicéron louait, en disant qu'il portait bien son âge : (*benè, inquit, œtatem fert*). Pline parle d'un vin servi sur la table de Caligula, qui avait plus de cent soixante ans, et Horace célèbre un vin de cent feuilles.

Lorsqu'on considère ce que les historiens nous ont dit sur l'origine des vins que possédaient les anciens Romains, il paraît douteux que leurs successeurs aient ajouté quelque chose à leurs connaissances sur ce sujet. Ils tiraient leurs meilleurs vins de la Campanie, qui s'appelle maintenant *Terra di Lavori*, dans le royaume de Naples. Les vins de Falerne et de Massic étaient le produit des vignes plantées sur les coteaux autour de Mondragon, au pied duquel coule le Garigliano, autrefois nommé Iris. Les vins d'Amiclée et de Fondi se faisaient dans le voisinage de Gaëte ; les raisins de Luessa croissaient près de la mer, etc. ; mais, nonobstant la grande variété des vins produits par le sol de l'Italie, le luxe porta bientôt les Romains à aller chercher ceux d'Asie, et leurs tables furent couvertes des vins précieux de Chio, Lesbos, Ephèse, Cos et Clazomène.

La vigne fut introduite en Angleterre par les Romains, et il paraît qu'elle devint bientôt commune. Il y a peu d'anciens monastères qui n'aient fait du vin. Dans les premiers temps de l'histoire d'Angleterre, l'île d'Ely fut spécialement nommée Ile des Vignes par les Normands. Peu après la conquête, l'évêque d'Ely recevait au moins trois ou quatre tonneaux de vin par an, pour la dîme sur les vignes de son diocèse, et, dans ses baux, il se réservait souvent le revenu d'une certaine quantité de vin. Beaucoup d'entre eux étaient presque aussi doux que ceux de France.

Au temps de César, il n'y avait pas de vignes dans les Gaules, et cependant, dès le temps de Strabon, non-seulement cette province, mais encore tout le pays en était abondamment pourvu. Sous le règne de Vespasien, la France devint fameuse par ses vins, et elle en exportait même une grande quantité en Italie.

Cependant au temps de Lucullus, ce n'était que rarement que les Romains eux-mêmes pouvaient se régaler de vin. L'Italie en produisait peu, et les vins étrangers étaient si chers que l'on en donnait rarement, même dans les festins; et lorsque cela arrivait, on n'en servait qu'un verre à chaque hôte. Mais à la septième centurie, après la fondation de Rome, comme leurs conquêtes avaient augmenté leurs richesses et étendu la sphère de leur luxe, les vins devinrent l'objet d'une attention spéciale.

Alors on construisit des caves, qui, peu à peu, se remplirent, et les vins du pays acquirent de grandes qualités.

Le Falerne acquit bientôt une grande réputation, et spécialement celui de Florence, vers la fin de la centurie ci-dessus; et les habitans des parties occidentales de l'Europe furent en même temps subjugués par les armes de l'Italie et égayés par ses vins.

CHAPITRE II.

Des parties composantes du vin et de ses diverses espèces.

Tout le monde sait qu'aucun produit des arts ne varie tant que le vin; que les différens pays et quelquefois les différentes provinces d'un même pays produisent différens vins. Il n'y a pas de doute que ces différences doivent être attribuées principalement au climat dans lequel se trouve la vigne, à sa culture, à la quantité de sucre contenue dans le jus des raisins, à la fabrication du vin ou à la manière dont on l'a fait fermenter. Si les raisins sont cueillis verts, le vin abonde en acide; mais s'ils sont mûrs, le vin sera généreux. Lorsque la proportion de sucre est suffisante et la fermentation complète, le vin est parfait. S'il y a trop de sucre, il en reste une partie non décomposée, parce que la fermentation est languissante, et le vin reste doux et mielleux; si, au contraire, il y avait peu de sucre, quand même les raisins seraient bien mûrs, on n'obtiendrait qu'un petit vin; et, si on le met en bouteilles avant que la fermentation soit complète, une partie du sucre reste indécomposée, la fermentation continue lentement dans la bouteille; et lorsqu'on la débouche, le vin pétille dans le verre, comme, par exemple, le Champagne. De tels vins ne sont pas assez mûrs. Lorsqu'on sépare le moût de la rafle du raisin noir avant la fermentation, le vin n'a que peu ou point de couleur: on l'appelle *vin blanc*. Si, au contraire, on laisse la rafle dans le vin pendant la fermentation, l'alcool dissout la matière colorante et le vin se colore: c'est ce qu'on appelle *vin rouge*. Ainsi on fait souvent du vin blanc avec du raisin noir, en séparant la liqueur avant qu'elle ait pris de la couleur; car c'est de la peau seule qu'elle vient. D'ailleurs, dans ces principales circonstances, le goût des vins varie beaucoup.

Tous les vins contiennent un principe commun et identique qui produit des effets semblables : c'est l'*eau-de-vie* ou alcool. C'est principalement par les différentes proportions d'alcool que contiennent les vins, qu'ils diffèrent le plus les uns des autres. Lorsqu'on distille le vin, l'alcool s'en sépare facilement : l'esprit, ainsi obtenu, est bien connu sous le nom d'*eau-de-vie*.

Tous les vins contiennent aussi un acide libre : c'est pourquoi ils rougissent la teinture bleue de choux. L'acide qu'on trouve le plus abondamment dans le vin de raisin est l'acide *tartrique*. Tout vin contient encore du tartrate acide de potasse et de la matière extractive venant du raisin. Ces matières se déposent lentement dans les vases; c'est à cela qu'est due l'amélioration que le temps procure au vin. Les vins qui

moussent lorsqu'on les verse dans un verre
contiennent aussi de l'acide carbonique
auquel est due leur impétuosité. Le bouquet et l'odeur particulière de chaque espèce de vin tient à la présence d'une huile
volatile qui s'y trouve en si petite quantité,
qu'on ne peut pas la séparer.

De tous les pays du monde, la France
est reconnue pour le plus riche en vin.

Les vins les meilleurs et les plus recher-
chés sont ceux qu'on fait avec le raisin. La
propriété qu'il a de donner les meilleurs
vins connus ne vient pas de ce qu'il contient la matière la plus sucrée ; car c'est la
canne à sucre : mais, de ce que ce principe
est uni à un ferment particulier de telle
sorte qu'il en résulte la combinaison vi--
neuse la plus homogène, la plus convenable qui existe et celle qui nous est le plus
généralement agréable.

Le vin de France, appelé Bourgogne, est
excellent et très-estimé ; ses principes sont
parfaitement combinés, et aucun d'eux
n'est en excès ; il se bonifie beaucoup
pendant six ou huit ans, après lesquelles
il se détériore, mais très-lentement ;

et en général, il se conserve très-bien.

Les vins appelés vins d'Orléans possèdent des qualités qui ressemblent beaucoup à celles des vins de Bourgogne, lorsque le temps a fait disparaître leur aigreur et intimement combiné leurs principes.

Les vins rouges de Champagne sont très-délicats; le blanc qui ne mousse pas est bien préférable à celui qui mousse, qui n'est pas assez mûr et qui n'a pas assez fermenté. Néanmoins, il contient peu ou point d'alcool, et il devient plat lorsqu'il a perdu son acide carbonique.

Les vins du Languedoc et de la Guienne ont beaucoup de couleur et de ton, surtout lorsqu'ils sont vieux. Ceux d'Anjou sont très-spiritueux et enivrent facilement.

Les vins d'Allemagne, ceux du Rhin et de la Moselle sont blancs et très-chargés d'alcool; ils se conservent long-temps et se bonifient beaucoup par le temps. Les vins d'Italie, surtout d'Orviette, de Vicence et le *Lacryma Christi* sont bien fermentés et ressemblent beaucoup aux bons vins de France.

Les vins d'Espagne et de Grèce sont en

général secs, doux et peu fermentés, excepté ceux de Rota et d'Alicante, qui sont réputés pour leurs qualités cordiales.

Quelques uns des vins du cap de Bonne-Espérance sont peut-être les premiers et les meilleurs de tous les vins. Le vin de Constance est partout fort estimé. On suppose qu'il n'est produit que dans deux fermes qui avoisinent le Cap. Mais M. Barrow observe que le même raisin muscat croît dans chaque ferme, et que quelques-uns des vins faits dans le Drakenstein égalent ou même surpassent ceux de Constance. La méthode cependant est trop imparfaite pour produire du bon vin avec quelque degré de certitude. On jette sous le pressoir les raisins mûrs ou non avec leur rafle ; les uns sont, en conséquence, faibles et acides ; les autres sujets à s'altérer et sucrés. Les paysans et les commerçans ne connaissent pas encore les principes d'un commerce étendu et libéral ; et les vins, éprouvant diverses altérations, sont rarement conformes aux échantillons. Les marchands du pays s'imaginant qu'une fois le vin payé et embarqué, ils n'ont plus rien à craindre. Le gouvernement anglais, depuis la dernière réduction du Cap, s'est efforcé d'encourager la fabrication de ce vin, en réduisant le droit à 17 liv. 10 sous (437 fr. 50 c.) par tonne; ce qui n'est que le tiers de ce qu'on paie pour les vins d'Espagne et de Portugal. En conséquence, on en a importé une quantité considérable; mais il n'a pas été goûté dans ce pays, et, à moins que la qualité ne s'améliore d'une manière bien marquée, il n'est pas probable qu'il devienne d'un usage général. Cependant les marchands de Londres y ont dernièrement envoyé des personnes habiles dans l'art de cultiver et de fabriquer le vin, dans le but de donner aux habitans les instructions nécessaires. Les avantages qui peuvent résulter de cette mesure ont fait naître de grandes espérances.

CHAPITRE III.

Caractères distinctifs des vins factices.

Les vins factices diffèrent principalement des vins de raisin, en ce qu'ils contiennent une beaucoup plus grande quantité d'acide malique, tandis que ceux-ci contiennent surtout de l'acide tartrique, car c'est principalement la présence du tartrate acide de potasse qui distingue particulièrement les raisins de tous les autres fruits propres à faire du vin. Ce sel est fort abondant dans le raisin, avant sa maturité, et une portion disparaît pendant qu'il mûrit. C'est cette observation qui a conduit le docteur Macculloch à indiquer au public la pratique utile de mettre du tartrate acide de potasse dans les jus des fruits que l'on destine à la fabrication des vins factices.

Il est hors de doute que ce sel est décomposé pendant les progrès de la fermentation, et une partie considérable de ce qui reste se dépose par la suite dans les tonneaux ou les bouteilles où l'on conserve le vin, et c'est ce qui forme ce qu'on appelle la lie du vin.

Il y a peu de nos vins factices qui aient une couleur intense, car, à l'exception des baies de sureau, des mûres et des cerises noires, nos fruits sont à peine colorés.

CHAPITRE IV.

PRINCIPES GÉNÉRAUX DE L'ART DE FAIRE LE VIN.

De la Fermentation.

LE jus avec lequel on fabrique le vin contient une grande proportion d'eau tenant en dissolution une certaine quantité de matière sucrée, de principe fermentescible, qui paraît être une modification du gluten, de différens acides qui sont principalement l'acide tartrique dans le jus de raisin et l'acide malique dans le jus des autres fruits, et de différentes matières mal définies par les noms d'*extractif* et de *mucilage*. Lorsque ces principes sont abandonnés à eux-mêmes, à une température modérée, ils commencent bientôt à réagir les uns sur les autres, et plusieurs enfin subissent des changemens remarquables. C'est dans ces phénomènes, qu'on nomme *fermentation*, que consiste le principe essentiel de la fabrication du vin; ils sont analogues à ceux qui se passent dans la conversion du moût en bierre. La fermentation vineuse ne commence guère lorsque la température est au-dessous de 16° (1), mais à 21° elle marche avec activité.

Une grande masse est une condition très-favorable au développemeet de la fermentation vineuse. Une petite quantité de matière sucrée éprouve à peine ce changement, qu'elle tourne à la fermentation acide.

Lorsque les substances dont nous avons parlé sont placées dans les circonstances convenables, la fermentation commence en quelques heures ou quelques jours, selon la température, la richesse et la masse du liquide. La liqueur éprouve des mouvemens intérieurs, s'épaissit et se trouble,

(1) Thermomètre centigrade : c'est ce thermomètre dont nous nous servirons dans tout le cours de cet ouvrage.

sa température s'élève, et il s'en dégage de l'acide carbonique. Elle augmente de volume, et sa surface se couvre d'une écume abondante, due à l'acide carbonique qui est retenu pendant quelque temps par la viscosité du liquide. La quantité d'acide carbonique qui se dégage, pendant la fermentation, est très-considérable; il se développe dès le commencement, et il s'en dégage jusqu'à ce qu'elle soit terminée. Après quelques jours, ou un temps plus ou moins long, suivant la température, et d'autres circonstances, la fermentation cesse, le liquide s'éclaircit, la matière qui le troublait s'étant précipitée, et la liqueur, de douce et visqueuse qu'elle était, devient vineuse et limpide. Elle est alors convertie en vin.

Tels sont les phénomènes de la fermentation qui font voir, ainsi que la nature du produit, que les parties constituantes ont éprouvé de grands changemens. Le plus remarquable, c'est que la quantité de sucre va toujours en diminuant, et, à la fin de l'opération, il a complètement disparu. Le liquide est alors plus fluide, et surtout plus clair, et a acquis un goût spiritueux : ces nouvelles propriétés sont attribuées à la formation de l'alcool qui existe dans le vin. Il paraît qu'il n'y a que le sucre qui ait éprouvé de décomposition; il se partage en deux portions; l'une s'échappe sous forme d'acide carbonique, tandis que l'autre, contenant une grande proportion d'hydrogène, reste dans la liqueur sous forme d'alcool. Une partie de l'alcool est aussi entraînée, et celui qui reste dans le liquide est combiné avec les acides et la matière colorante du vin. On a aussi trouvé que l'acide tartrique est en partie décomposé pendant la fermentation, et il se produit de l'acide malique. Il paraît, d'après d'autres expériences, qu'il se dégage aussi du gaz azote pendant la fermentation, d'où l'on conclut qu'il se décompose d'autres principes du moût, puisque le sucre ne contient point d'azote.

Lorsque ces phénomènes ont eu lieu, on met le vin en tonneau où il subit des changemens ultérieurs, et s'achève par une nouvelle espèce de fermentation qu'on appelle fermentation insensible. Peu après que le vin est en tonneau, on entend un

petit sifflement qui résulte d'un dégage-
ment continu d'acide carbonique qui s'é-
chappe de tous les points de la liqueur; il
sort aussi un peu d'écume par la bonde, et
l'on doit alors avoir soin de tenir le tonneau toujours plein, afin que la mousse
puisse s'échapper, et que le vin se perfec-
tionne; tant que cela continue, il suffit de
boucher le bondon avec une feuille de pa-
pier, ou de le couvrir d'une tuile.

« A mesure que la fermentation insensible
diminue, le liquide s'abaisse, et l'on doit
observer avec soin cet abaissement, afin
d'y mettre de temps en temps du vin, pour
que le tonneau soit toujours plein.

« Ceci est un point très-important dans
la fabrication du vin; et c'est de la manière d'agir dans cette dernière période
que dépend presque entièrement cette variété infinie qui existe parmi les vins. C'est
aussi cette époque qui est en général la plus
convenable pour introduire dans le vin les
substances étrangères propres à lui donner
un bouquet. La douceur de quelques vins
vient de la présence d'une trop grande
quantité de matière sucrée, et on peut

généralement y remédier en prolongeant
la fermentation. Au contraire, lorsque la
fermentation a été poussée assez loin pour
décomposer tout le sucre, on dit que le
vin est sec, et si la quantité primitive de
sucre a été trop petite, il s'aigrit facilement.

Le goût astringent et la couleur des
vins rouges vient de la peau des fruits,
et lorsqu'on vent leur procurer ces qualités
à un haut degré, on mêle quelquefois une
certaine proportion de raisins très-colorés
aux autres fruits.

Dans le vin de Madère, ainsi que dans
ceux de Xérès et de San-Lucar, on a l'habitude d'ajouter des amandes amères, pour
leur donner un goût de noisette. Les framboises, la racine d'iris, l'orvale, et les
fleurs de sureau, peuvent être employés
pour donner des bouquets particuliers aux
vins factices. Lorsqu'on emploie ces différentes choses, le mieux est de les suspendre
dans le tonneau, pendant quelques jours,
durant la fermentation insensible. Au
moyen de cette disposition, leur parfum
est retenu sans qu'il puisse se dissiper.

« Lorsqu'un vin est trop faible, on y ajoute ordinairement une plus ou moins grande quantité d'eau-de-vie ; et pour en rendre la combinaison plus complète, le docteur Macculloch conseille avec raison de l'ajouter pendant que la fermentation insensible est en activité.

On peut donner la couleur aux vins factices avec des mûres de ronces, les mûres ou des baies de sureau ; ces substances procurent aux liqueurs vineuses une belle couleur rouge ; on les fait quelquefois fermenter avec le moût, pour rendre la couleur plus intense.

« On a vanté dans ces derniers temps, pour la vinification, un appareil de mademoiselle Gervais, qui consiste : 1° en un couvercle de bois luté sur une cuve de plâtre ou de l'argile, et au milieu duquel est une ouverture qui reçoit un grand chapiteau en fer-blanc, enveloppé d'un réfrigérant ; 2° en deux grands tuyaux qui partent du sommet du chapiteau, et qui viennent plonger dans un vase rempli d'eau et de vinasse ; 3° en une soupape de sûreté adaptée à l'un des tuyaux. On a prétendu qu'au moyen de cet appareil on condensait beaucoup d'alcool qui se vaporisait pendant la vinification ; qu'on obtenait plus de vin, du vin plus parfumé, plus coloré et plus spiritueux, que par les procédés ordinaires. Mais il est bien démontré qu'ici tout est exagéré : d'abord M. Gay-Lussac a donné une preuve mathématique qu'il ne se vaporise pas une quantité d'esprit égale à la deux-centième partie du vin, par conséquent, le réfrigérant est inutile; deuxièmement, le bouquet ne se développe point pendant la fermentation; il ne devient très-sensible qu'autant que le vin est en bouteilles; troisièmement, la couleur, toutes choses égales d'ailleurs, dépend de la durée de la fermentation et du contact immédiat de l'enveloppe des grains avec la liqueur ; quatrièmement quand bien même on admettrait que le vin serait plus spiritueux, il serait difficile de concevoir qu'on en obtînt davantage : ce ne serait qu'autant que la cuve serait découverte, placée dans un courant d'air, et abandonnée long-temps à elle-même, que la quantité pourrait être moindre. Il suit donc de toutes ces considérations que l'appareil de mademoiselle Gervais n'a d'autre avantage que de préserver la vendange du contact de l'air, de prévenir la formation d'un peu de vinaigre et le refroidissement trop prompt de la cuve à la partie supérieure : or, un simple couvercle en bois suffit pour cela, et c'est une pratique qu'ont adoptée plusieurs propriétaires depuis long-temps; observons toutefois qu'il n'est réellement nécessaire de couvrir la cuve, qu'autant que l'on fait cuver long-temps, et que l'avantage devient nul lorsque le vin est tiré au bout de deux ou trois jours. » (Extrait du Cours de Chimie du savant M. Thénard.)

Mise en tonneaux.

Lorsque le vin est entièrement achevé, on le tire dans des tonneaux secs et propres.

Pour que le vin se conserve et se bonifie, il est bon de le mettre dans des lieux frais.

Les bouteilles de verre sont ce qu'il y a de

plus convenable pour le mettre, parce que, outre qu'elles ne présentent aucun principe soluble dans le vin, elles le préservent très-bien du contact de l'air et des principales variations de l'atmosphère. Il faut avoir soin de bien boucher les bouteilles, avec de bons bouchons, et de les coucher sur le côté, afin d'empêcher le bouchon de sécher, et de laisser passer l'air. Pour plus grande sûreté, on peut revêtir le bouchon d'un enduit de goudron appliqué avec un pinceau, ou bien tremper le col de la bouteille dans un mélange en fusion de cire, de résine et de poix.

Un marchand de vin renommé m'a assuré que les améliorations que l'âge procure au vin sont plus grandes et plus promptes lorsqu'on le garde, non dans des bouteilles, mais dans des tonneaux qu'on a soin de tenir constamment pleins, car la séparation d'une portion de tartrate acide de potasse s'opère plus rapidement lorsque le vin est dans un tonneau que dans des vases de verre. Tout le monde a entendu parler de l'immense tonneau de Heidelberg, dans lequel on conservait, pendant

des siècles entiers, du vin qui s'y bonifiait
toujours; il est aussi reconnu que le vin se
conserve mieux dans des grands tonneaux
que dans des petits.

Clarification du vin.

La clarification du vin s'opère spontanément par le temps et le repos; car il se
forme peu à peu sur le fond et sur les côtés
du tonneau un dépôt qui débarrasse le vin
de toutes les substances qui ne sont pas
dissoutes ou qui sont en excès. Ce dépôt,
appelé lie, est un mélange de tartrate acide
de potasse, de levure, de gluten et de matière colorante.

Mais ces substances, quoique déposées
dans le tonneau et précipitées du vin, sont
encore susceptibles de s'y mêler par l'agitation ou par un changement de température; et, dans ce cas, en gâtant la qualité
du vin qu'elles troublent, elles le font, de
nouveau, entrer en fermentation, ce qui
le fait dégénérer en vinaigre.

Pour obvier à cet inconvénient, on soutire le vin dans d'autres vases à différentes

époques. Il faut séparer avec soin toute la lie qui se précipite ; et, en soutirant le vin dans des tonneaux propres, on en sépare les matières qui n'y sont pas complètement dissoutes.

Soutirage du vin.

Lorsque la fermentation insensible est arrivée au point désiré, on l'arrête en soutirant le vin, c'est-à-dire en le sortant de dessus la lie : car la lie, quoique tombée au fond du tonneau, peut s'y mêler par quelqu'accident, tels que l'agitation, la température ; alors elle rend le vin trouble et établit une nouvelle fermentation ; ce qui lui fait contracter un mauvais goût, et tend à le faire aigrir.

L'époque à laquelle s'effectue le soutirage des vins varie suivant les différens pays ; mais l'époque à laquelle on fait le plus généralement cette opération est vers le commencement de mars : cette époque d'ailleurs doit varier suivant la qualité du vin. Les vins faibles doivent être soutirés en hiver, les vins généreux en été, et les autres entre ces deux époques ; mais il faut toujours observer de le faire par un temps frais.

Il convient toujours de soutirer le vin lorsque les tonneaux doivent être déplacés : car il peut s'y être formé un nouveau dépôt qui, en se mêlant à la liqueur, la rendrait louche et pourrait l'altérer sensiblement. D'ailleurs l'expérience a constamment prouvé que les vins soutirés se conservent beaucoup plus long-temps, sont plus transparens et supportent les déplacemens beaucoup plus facilement que ceux qui ne l'ont pas été.

L'opération du soutirage faite à la manière ordinaire est néanmoins contraire aux vins blancs ; ils perdent quelques-unes de leurs qualités et se colorent. Cet effet dépend uniquement de l'action de l'air atmosphérique : car si on laisse une bouteille débouchée quelques instans, le vin que l'on prendra ensuite sera sensiblement plus coloré qu'il ne l'était avant. C'est pour remédier à cet inconvénient que, dans des pays de vignobles, on évite soigneusement le contact de l'air dans le soutirage des

vins. On a, à cet effet, un conduit de cuir
terminé, à ses deux extrémités, par des
robinets de bois qui s'adaptent aux deux
pièces que l'on veut transvider l'une dans
l'autre ; mais, comme l'opération s'arrête
lorsque la liqueur est arrivée au même ni-
veau dans les deux tonneaux, pour la faire
continuer, on introduit, par le moyen
d'un soufflet adapté à la bonde, de l'air
dans l'un des deux tonneaux, qui, augmentant la pression atmosphérique sur
la surface du liquide, l'oblige à passer
dans l'autre vase.

Le soutirage est insuffisant soit pour
clarifier complètement les vins et les dé-
pouiller de toutes les matières qui, n'en
faisant point essentiellement partie, ne
peuvent que leur être nuisibles, soit pour
prévenir toute nouvelle fermentation ; à
cet effet, on fait deux nouvelles opérations,
qui sont le soufrage et le collage.

Du soufrage.

Pour prévenir une nouvelle fermentation, on soufre ou mute le vin.

On dit qu'un vin est soufré ou muté quand il est imprégné d'une vapeur sulfureuse obtenue par la combustion d'une mêche soufrée.

Le meilleur moyen pour préparer ces mêches est le plus simple : il s'agit seulement de prendre des bandes minces, de toile ou de coton, d'un pouce et demi à deux pouces de large, et de six à sept pouces de long, et de les tremper dans du soufre fondu qui ne soit pas trop chaud ; sans cela, il en brûlerait une trop grande quantité qui répandrait une très-mauvaise odeur qu'on ne pourrait pas supporter, et c'est pour prévenir tout inconvénient de ce genre qu'il faut toujours faire cette opération sous une cheminée qui tire très-bien.

On vend des mêches parfumées qu'on prépare en ajoutant au soufre des aromates, tels que des poudres de girofle, de cannelle, de gingembre, de coriandre, d'iris de Florence, de fleur de thym, de lavande, de marjolaine, d'oranger, etc.; on vend même dans le commerce des mêches sous le nom de *mêche à la violette de Strasbourg.*

Elles ne diffèrent de celles ordinaires que parce qu'elles sont couvertes de fleurs de violettes; mais il ne faut que réfléchir un peu pour voir que ces mêches parfumées ne sont pas meilleures que les autres, et que même elles valent moins, parce que les fleurs qu'on mêle au soufre, loin de produire une odeur agréable en brûlant, n'en produisent qu'une d'empyreume et de fumée, qui ne peut que nuire au vin plutôt que le rendre plus agréable; et, comme ces parfums brûlés n'ont pas du tout la propriété de muter le vin, ceux qui les emploient ne peuvent donc avoir d'autre but que de parfumer le vin: et si c'est là le but qu'ils se proposent, pourquoi ne pas mettre directement les aromates dans le vin sans les brûler, comme nous le dirons plus loin?

La combustion des mêches se fait en les suspendant à un morceau de fil de fer crochu de huit à dix pouces de long, et qui passe au travers d'un bondon qui bouche le tonneau pendant l'opération. On recommande souvent de bien enfoncer le bondon pendant le soufrage; mais c'est à fort, parce que l'air du tonneau se dilatant beaucoup au moment de la combustion, il pourrait faire éclater le tonneau s'il était trop bien bouché. Il faut donc toujours laisser une petite issue à l'air dilaté.

Le soufrage rend le vin trouble et d'une couleur désagréable; mais elle ne tarde pas à changer, et le vin s'éclaircit. Cette opération contribue à la conservation des vins qui auraient de la tendance à subir une nouvelle fermentation; mais elle a l'inconvénient de décolorer un peu les vins rouges : ce qui peut quelquefois nuire à leur vente; c'est pour cela qu'on a cherché à remplacer ce moyen par un autre qui ne présente pas cet inconvénient; ce moyen, qui est généralement usité dans le département de l'Hérault, consiste à jeter au fond du tonneau une petite quantité d'eau-de-vie chaude qu'on allume avec un cordon enflammé qu'on plonge dans le tonneau; ou, mieux encore, avant de la jeter dans le tonneau, il faut avoir soin de boucher la bonde le mieux possible avec la main.

Ce procédé, qui a pour but de brûler l'oxigène de l'air qui se trouve dans le tonneau, est bon pour les vins qui n'ont besoin d'être que très-peu soufrés; mais il ne suffirait pas pour des vins qui auraient beaucoup de tendance à fermenter, parce qu'il est très-peu efficace.

Dans plusieurs contrées on fait un vin qu'on appelle muet, et que l'on emploie de préférence au soufrage. Voici comment on le prépare : On foule et on presse promptement quelques paniers de raisins dont on met de suite le jus dans un tonneau qu'on remplit d'abord au quart et dans lequel on brûle plusieurs mêches, puis on agite bien le vin pour qu'il dissolve le gaz sulfureux qui s'est produit; après quelque temps, on brûle de nouvelles mêches et on agite le vin auquel on en a ajouté de nouveau; on continue ainsi jusqu'à ce que le tonneau soit plein; on a ainsi du moût saturé de gaz sulfureux, et qui, par son mélange avec le vin, est bien propre à le muter. Ce vin qu'on nomme *vin muet*, est bien plus commode à employer que les mêches qu'on brûle dans les tonneaux, parce qu'on peut avec lui muter un vin, quand même le tonneau où il est serait presque plein : ce qu'on ne pourrait pas faire avec les mêches ordinaires, sans tirer du vin de dedans le tonneau ; en outre, on est plus certain de muter plus ou moins fortement le vin selon qu'on le désire. Il est une autre substance d'un emploi encore plus facile, et dont l'effet est bien certain, c'est ce que les chimistes appellent du *sulfite de chaux*. C'est une poudre blanche formée de gaz sulfureux et de chaux. Il est inutile de dire qu'elle est tout-à-fait sans danger pour la santé. Il suffit de jeter dans le tonneau une plus ou moins grande quantité de cette substance pour muter le vin à son gré, et de bien agiter avec un bâton.

Du collage.

On donne le nom de collage à une opération que l'on fait sur les vins dans le but de les rendre plus transparens, en précipitant toutes les matières qui y sont en suspension.

Le collage fait sur les vins à peu près l'effet d'un filtrage ; il s'opère au moyen de matières qui, d'abord solubles dans le liquide, s'y divisent et s'y incorporent jusque dans ses dernières molécules; mais qui ensuite, rendues insolubles par leur combinaison avec quelque principe contenu dans le vin, forment une espèce de réseau qui se précipite et entraîne au fond du tonneau toutes les matières qui troublaient la transparence du vin.

Les deux substances employées pour coller les vins sont l'albumine et la gélatine, qui deviennent insolubles par leur combinaison avec le tannin que renferme le vin.

La gélatine est une substance contenue dans toutes les matières solides ou molles des animaux; elle s'extrait des peaux, sabots, oreilles de bœufs ou autres animaux, par le moyen d'une longue ébullition; mais cette espèce de gélatine ou colle est inférieure à celle extraite des os.

Pour extraire la gélatine des os, on les met en contact avec l'acide muriatique qui les dépouille de tout le phosphate calcaire qu'ils contiennent, et on n'a plus qu'à les

mettre, pendant quelques heures, dans
l'eau bouillante pour les convertir en colle
d'os, qui est d'autant meilleure qu'elle est
plus transparente.

La colle de poisson n'est autre chose
que la partie intérieure de la vessie de différens poissons ; elle est composée de gélatine presque pure ; elle est beaucoup plus
chère que celle d'os qui peut la remplacer
sans inconvénient , lorsqu'elle est choisie
avec soin : quant à la colle extraite des ten-
dons, peaux, etc., elle n'est pas propre au
collage des vins, et risquerait de leur donner un goût désagréable.

Soit que la gélatine s'emploie à l'état de
colle de poisson ou à celui de colle d'os,
on la fait tremper dans un peu d'eau ou
dans du vin du tonneau même ; on peut,
pour mieux la dissoudre, faire chauffer le
mélange jusqu'à ce qu'on l'ait converti en
une masse gluante que l'on jette dans le
vin, en l'agitant fortement, afin de bien
distribuer la gélatine dans toutes les parties ; bientôt elle s'empare du tannin et
entraîne dans sa précipitation toutes les
matières non dissoutes.

L'albumine est une substance très-répandue dans l'économie animale; mais les seules matières dans lesquelles elle soit propre à l'usage dont nous parlons, sont le blanc d'œuf qui en est presque entièrement composé et le sang de bœuf.

Pour employer le blanc d'œuf, on en dissout six ou dix, suivant la transparence du vin, dans environ un demi-litre d'eau: cette dose suffit à deux hectolitres de vin. L'albumine, de même que la gélatine, est rendue insoluble en se combinant avec le tannin; mais il faut avoir soin de bien choisir les œufs qu'on emploie de peur de gâter le bouquet du vin. Le sang de bœuf desséché à une basse température forme une poudre noirâtre que l'on vend pour clarifier les vins. On pourrait également employer le sang frais. On le délaye dans un peu d'eau, et on le met, comme le blanc d'œuf, dans le vin, en le remuant bien dans tous les sens.

Il arrive quelquefois que des vins qui ont déjà été collés se troublent de nouveau et qu'un nouveau collage ne réussit point à les clarifier; cela vient de ce qu'ils ne con-

tiennent plus de tannin, et on peut y suppléer artificiellement en y ajoutant une
infusion d'écorce de chêne. On y suppléera
de la même manière dans les vins de fruits
qui, par leur nature, ne renfermeraient
pas de tannin.

Quelques personnes emploient aussi,
pour clarifier les vins, différentes poudres
dont l'action est purement mécanique,
telles que des cailloux calcinés et pilés, de
l'albâtre gypseux ou calcaire en poudre, etc.;
mais le collage est préférable à toutes ces
substances.

De la mise en bouteilles.

Les vins sont généralement d'autant
meilleurs qu'ils sont plus vieux; mais c'est
surtout dans les bouteilles qu'ils acquièrent
de bonnes qualités. Il importe donc, lorsqu'on a du vin fin, de ne pas le laisser
trop long-temps en tonneau et de le mettre
en bouteilles d'assez bonne heure pour qu'il
puisse, par le temps, y acquérir un goût
un parfum qu'on ne saurait définir, et
qu'il n'aurait jamais si on le laissait dans
le tonneau.

Rien n'est plus simple ni plus facile que
la mise en bouteilles, et c'est pourtant une
opération qui est souvent mal faite. Quelquefois on ne remplit pas assez les bouteilles, d'autres fois c'est le contraire ; ou
bien on n'a pas assez le soin de bien enfoncer les bouchons, qui doivent être plutôt
un peu trop gros que trop petits. Il arrive
aussi quelquefois que par négligence on
emploie des bouteilles fendues ou étoilées,
qui, si elles ne se brisent pas lorsqu'on les
bouche, laissent fuir ou gâter le vin qu'on
y renferme. Enfin, la conservation et la
bonification du vin dépend beaucoup de la
plus ou moins bonne qualité des bouchons
et du soin qu'on apporte à les goudronner.

Choix des bouteilles.

L'on ne doit jamais employer que des
bouteilles bien cuites et d'un bon verre ; car
celles qui n'ont pas ces qualités, outre
qu'elles présentent le grave inconvénient
de se fendre spontanément, même sans
éprouver le moindre choc, altèrent souvent
le vin au point de le rendre méconnaissable.

Il faut rejeter toutes les bouteilles qui ayant déjà servi ne peuvent pas se laver parfaitement, ou conservent une odeur de moisi ou de vinaigre. C'est au rinçage des bouteilles qu'on doit toujours apporter le plus d'attention, surtout lorsqu'on n'emploie pas des bouteilles neuves; cette opération doit, autant que possible, se faire avec une eau courante et non pas dans des baquets dont l'eau se salit très-vite. Mais comme on n'a pas ordinairement à sa disposition une fontaine ou une eau courante, il faut achever de rincer chaque bouteille avec de l'eau bien propre. On a ordinairement l'habitude de se servir de plomb de chasse pour nettoyer les bouteilles; mais ce mode d'opérer n'est pas sans inconvénient, parce qu'il arrive souvent qu'il reste quelques plombs dans le fond de la bouteille, où ils finissent par s'altérer et se changer en acétate de plomb, qui est un poison très-dangereux. Il vaut beaucoup mieux employer une petite chaîne de fer ou du gros sable, qui rince très bien et qui ne présente aucun danger pour la santé.

On doit toujours rincer les bouteilles

sur des planches pendant

également gâter le vin

toutefois recommandé de pas

conçoit aisément que

au lieu de la ver

coup dans le tonneau.

Qualité des bouchons.

On doit toujours choisir les meilleurs bouchons pour les vins qui doivent être conservés pendant long-temps, mais surtout pour les vins mousseux. Le liége doit être bien homogène, le moins poreux possible, et assez flexible, parce que lorsqu'il est trop dur il brise le goulot de la bouteille ou bien la bouche mal; il faut surtout rejeter avec soin tous les bouchons percés qui ont déjà servi, et ne pas se laisser tromper par l'apparence qu'on donne à de vieux bouchons en les retaillant, c'est-à-dire en leur enlevant l'épiderme pour les faire paraître neufs; ils sont le rebut des maisons qui en consomment beaucoup : on peut les reconnaître à la teinte bistre de leurs pores; mais quelquefois ils n'ont pas cette couleur et ils sont alors le plus à craindre, parce qu'ils ont servi à la bière. On ne doit jamais employer les vieux bouchons, si ce n'est pour les vins qu'on doit boire de suite.

Après avoir placé les bouchons sur toutes les bouteilles, pour bien les enfoncer, on a besoin d'appuyer la bouteille sur son genou.

Manière de goudronner les bouchons.

Les vins qui doivent être conservés pendant long-temps doivent toujours être goudronnés, afin de boucher tous les pores du liége et les fissures qu'il pourrait y avoir, et qui laisseraient entrer de l'air dans les bouteilles, ou bien laisseraient échapper le gaz acide carbonique et les vapeurs alcooliques du vin. Le goudron a un autre avantage, c'est d'empêcher les insectes de ronger les bouchons.

On aime mieux acheter du goudron tout préparé que de le faire soi-même; mais comme on ne peut pas toujours s'en procurer, il est souvent fort utile de savoir le composer. Voici le procédé qu'il faut suivre pour cela : Vous prenez une demi-livre de poix-résine, vous la faites fondre avec une livre de poix de Bourgogne dans une petite marmite, puis vous y ajoutez quatre onces de cire jaune coupée en petits morceaux et une petite quantité de brique pilée bien fin,

vous remuez constamment le mélange jusqu'à ce que tout soit bien fondu, alors vous
retirez une grande partie du feu et n'en lai-
sez que la quantité nécessaire pour que le
goudron reste bien liquide, mais sans bouillir : cette quantité de goudron est celle qui
est nécessaire pour cent cinquante bouteilles.

Quelques personnes remplacent la cire
par du suif, mais il n'en faut pas tant mettre, parce qu'il rendrait le goudron trop
mou ; on doit toujours mettre l'une ou
l'autre de ces substances, car sans elles le
goudron serait trop sec et se détacherait
trop facilement.

Lorsque le goudron a été préparé comme
nous venons de le dire et qu'il est bien
fondu, on essuie bien le goulot de la bouteille pour qu'il n'y reste ni sable ni eau et
on le trempe d'environ six lignes, puis on
le retire presqu'aussitôt et on laisse un peu
refroidir le goudron avant de placer la bouteille sur son cul.

Du rangement des bouteilles.

Lorsqu'on veut conserver du vin pendant

long-temps, on place les bouteilles dans du sable, ou de la paille. Dans le premier cas, on forme une espèce de caisse dans un des coins de la cave avec de larges planches, on commence par mettre dans le fond une bonne couche de sable sur laquelle on place un rang de bouteilles, le plus serré possible; puis on étend par-dessus une autre couche de sable et un rang de bouteilles et ainsi de suite, on peut ainsi en entasser jusqu'à la hauteur de trois à quatre pieds, mais pas au-delà.

Pour ranger les bouteilles dans la paille on n'a pas besoin de caisse comme pour le sable, on n'a qu'à étendre contre un mur de la paille longue, sur laquelle on place une rangée de bouteilles, et par-dessus une couche mince de paille, puis une rangée de bouteilles et ainsi de suite. Pour empêcher les bouteilles des extrémités de rouler, on relève sur elles la paille de dessous qui doit toujours dépasser : par ce moyen la pile de bouteilles est très-solide.

Le plus souvent on ne se sert ni de paille ni de sable, et l'on couche simplement un rang de bouteilles contre un mur, en leur plaçant à toutes le cul du même côté ; cela fait, on couche une latte sur les goulots et on superpose un second rang de bouteilles en leur plaçant à toutes le cul au-dessus du goulot des autres, puis on place une autre latte sur les goulots de ce second rang, puis un rang de bouteilles et ainsi de suite. On peut en placer de la sorte, jusqu'à la hauteur de trois pieds sans risquer d'écraser celles de dessous.

Des caves.

Une des principales conditions pour la conservation du vin, c'est qu'il soit placé dans une bonne cave, sans cela il est bien difficile de le conserver long-temps. Une bonne cave doit toujours conserver la même température, l'humidité doit y être constante, mais sans excès ; la lumière doit y pénétrer par des soupiraux qui permettent aussi le renouvellement de l'air, ce qui est très-utile, car sans cela, les cercles pourrissent très-promptement et les tonneaux finissent par éclater, ou bien le vin prend un goût de moisi , et tous les tonneaux vides se gâtent en très peu de temps. Lorsqu'une cave est trop sèche , les pièces se tourmentent , les douves se disjoignent et le vin finit par couler.

Lorsqu'une cave n'est pas creusée assez profondément pour la préserver des changemens de température, il faut avoir soin de fermer les soupiraux pendant les grands froids et pendant les grandes chaleurs.

Toutes les caves doivent être voûtées et éloignées le plus possible des lieux où l'on produit des chocs brusques et souvent réitérés qui ébranlent sans cesse les pièces et en détachent la lie qui se trouve ainsi toujours mêlée avec le vin , auquel elle fait éprouver une nouvelle fermentation, et le vin finit par tourner; c'est pour cette raison que les caves sur la rue sont bien inférieures à celles qui se trouvent reculées : il y a même certaines caves où l'on ne peut pas conserver le vin, à cause du grand nombre de voitures qui, par les agitations qu'elles impriment au sol, troublent sans cesse les vins.

Une cave doit, autant que possible, avoir

ses ouvertures du côté du nord; mais si on ne peut pas remplir cette condition, il faut élever de petits murs de pierres ou de gazons en avant des soupiraux, pour que le soleil n'y pénètre jamais.

Le sol de la cave doit être battu et uni, pour que les bouteilles s'y tiennent facilement droites, lorsqu'on met le vin en bouteilles.

Le jardinage, le bois vert, les fleurs, les fruits, etc, ne doivent point entrer dans les caves destinées à recevoir du vin, les gaz qui se dégagent de ces diverses substances, provoquent tôt ou tard l'acescence du vin.

LIVRE II.

CHAPITRE PREMIER.

Des fruits les plus propres à faire du vin.

Outre les raisins, qui donnent le meilleur vin, il y a des fruits qui peuvent donner des liqueurs vineuses. La pratique de faire du vin avec les produits de nos jardins mérite une attention générale. Les vins étrangers sont au-dessus de la portée du pauvre; c'est pourquoi l'homme bienveillant doit s'efforcer d'y suppléer, dans la vieillesse et la maladie, en y substituant ce que nos fruits peuvent offrir de meilleur.

Les fruits les plus propres à la fabrication du vin, sont les suivans : Les groseilles à maquereau, les baies de sureau, les mûres, les framboises, les mûres de ronce, les fraises, les groseilles rouges et blanches et les cacis. Ces fruits fermentent bien et fournissent un vin bon et sain.

C'est un préjugé vulgaire que les vins de fruits sont malsains. Ils peuvent ne pas convenir à la constitution de certaines personnes, mais il n'y a aucun fait qui confirme l'assertion que ces vins sont plus à redouter que les vins de raisins.

Les fruits pulpeux, tels que la pêche, le brugnon, la prune, la cerise, le damas et l'abricot peuvent aussi être employés; mais aucun de ceux-ci ne convient aussi bien à la fabrication du vin que les précédens.

Les grosses et petites groseilles sont, de tous les autres fruits, les plus communément employés pour la fabrication des vins factices, et surtout les mieux appropriés à cet usage. Lorsqu'on les emploie vertes on peut en obtenir un vin clair et pétillant imitant en quelque sorte le Champagne.

Les groseilles à maquereau peuvent faire un vin doux ou sec, mais ordinairement il n'a pas un parfum agréable, surtout si l'on n'a pas enlevé soigneusement les peaux.

Les groseilles en grappes mûres, lorsqu'on opère convenablement, donnent un meilleur vin que les groseilles à maquereau.

*

Suivant le docteur Macculloch, une ébullition du jus de ces fruits pendant quelques
minutes avant la fermentation, donne un
résultat bien meilleur, et particulièrement lorsqu'on emploie des cacis qui,
lorsqu'ils sont bien traités, peuvent donner un vin qui ressemble beaucoup aux
meilleurs des vins doux du Cap.

Les fraises et les framboises peuvent également faire un vin sec et doux et d'une
qualité agréable.

Les baies de sureau sont aussi très-bonnes
pour faire d'excellent vin rouge : il est aussi
recommandable par son bas prix. A la vérité, il n'a pas un très-grand goût, mais il
n'en a pas de mauvais, ce qui est une propriété négative, souvent très-importante
dans la fabrication des vins factices.

Les cerises donnent un vin qui n'a pas
de caractère bien particulier : lorsqu'on les
emploie il faut avoir soin de ne pas briser
trop de noyaux, ce qui donnerait au vin
une amertume désagréable.

Les mûres de ronces et les mûres peuvent donner des vins colorés; quoiqu'elles
manquent de principe astringent, on peut

les employer avec avantage en certaines occasions.

Les prunelles et les damas ont des qualités qui se ressemblent tellement, qu'elles donnent à très-peu près le même résultat, leur jus est acide et astringent; c'est pourquoi on ne les emploie que pour faire des vins secs. Par un mélange convenable de groseilles ou de baies de sureau avec des prunelles ou des damas, on produit souvent un vin qui diffère peu des qualités inférieures de Porto.

Les raisins secs sont très-employés pour faire des vins de ménage, c'est pourquoi ils méritent qu'on en fasse mention ; lorsqu'ils sont traités convenablement, ils peuvent donner une liqueur vineuse pure, mais sans bouquet, très-propre à recevoir celui que l'on peut désirer, et imiter ainsi plusieurs vins étrangers.

Les oranges et les citrons sont également employés pour faire des vins factices. Néanmoins ils ne sont pas très-propres à cet usage, parcequ'ils contiennent trop d'acide et trop peu d'extractif et de principe doux ou fermentescible.

Les abricots, les pêches et les coings, d'après leur ressemblance avec les pommes et les poires, sont plus propres à faire une espèce de cidre qu'à faire du vin.

CHAPITRE II.

Des vins de fruits.

En partant de ce principe que les vins factices sont destinés à imiter le vin de raisin, ce que nous avons à faire en premier lieu, c'est de préparer un jus ou moût semblable, dans sa composition, à celui du raisin. Il n'y a aucun fruit qui fournisse un jus précisément semblable à celui du raisin. Dans les climats du nord surtout, le principe sucré, qui est la base fondamentale dans la fabrication du vin, n'existe qu'en très-petite proportion dans beaucoup de fruits. Il faut donc y suppléer par des moyens artificiels. L'acide tartrique, ou plutôt le tartrate acide de potasse, qui est un principe essentiel dans la fabrication du vin, manque également dans tous les fruits. Il faut donc aussi y suppléer. Au contraire, les autres substances, et en particulier l'acide malique, existent dans une trop grande proportion dans la plupart d'entre eux, et, dans leur état naturel, ils sont plus propres à faire du cidre que du vin. Il est très-difficile, peut-être impossible de se débarrasser de l'acide malique, et de prévenir ses mauvais effets, ainsi que ceux des autres principes étrangers ; et c'est ce qui rendra sans doute les vins factices toujours inférieurs à ceux de raisin , quoiqu'on puisse en approcher de très-près, par de judicieux procédés.

Le moyen de parer à cet inconvénient, c'est de délayer le jus à un degré tel qu'une quantité donnée contienne autant d'acide malique , ou à peu près, qu'une même quantité de jus de raisin ; et, comme nous l'avons déjà observé , de suppléer artificiellement aux deux grands principes qui manquent , le sucre et le tartrate acide de potasse. Ayant ainsi préparé un moût artificiel aussi semblable que possible au jus de raisin , l'application des autres principes se présente d'elle-même, et il ne nous

reste plus qu'à exécuter en général, précisément tous les procédés subséquens,
comme si nous opérions sur du jus de raisin.

D'après ce que nous avons dit (page 17)
de la fabrication du vin de raisin, nos lec-
teurs observeront qu'il faut employer différentes méthodes, suivant l'espèce de vin
que l'on veut obtenir. Ces remarques s'ap-
pliquent de même aux vins factices ; il faut
nécessairement que celui qui veut en faire
détermine d'avance la qualité qu'il désire,
et modifie ses procédés en conséquence.
Nous pouvons, avec le docteur Macculloch,
partager les vins en quatre espèces principales : les vins doux, les vins mousseux, les
vins secs et légers, analogues à ceux de Hoch,
de Grave et du Rhin, dans lesquels le principe sucré s'est entièrement décomposé
pendant la fermentation, et enfin les vins
secs et forts, comme ceux de Madère et de
Xérès.

Ceux de la première classe sont les vins
doux, ou ceux dans lesquels la fermentation
a été incomplète. C'est à cette classe que les
vins factices ressemblent le plus ; ressemblance, dit le docteur Macculloch, qui, par

sa généralité, fait voir que peu de ceux qui les fabriquent possèdent assez la connaissance de cet art pour discerner clairement ce que l'on peut appeler le défaut radical des vins factices : car on ajoute souvent une si grande quantité de sucre au jus des fruits, que la quantité de levain naturel, ou matière fermentescible, est insuffisante pour convertir tout le sucre en vin ; il en résulte que la partie qui reste non décomposée est douce. L'usage du levain artificiel peut en quelque sorte corriger ce défaut, mais la quantité qu'on en ajoute est ordinairement disproportionnée.

Erreur de ceux qui ajoutent de l'esprit de vin aux vins factices (1).

L'addition de l'esprit de vin, si souvent recommandée dans les recettes pour la fabrication du vin, bien loin d'empêcher le

(1) Les effets pernicieux attribués ici à l'alcool ne peuvent appartenir qu'à celui de mauvaise qualité, qui tient en dissolution des matières étrangères ; l'expérience nous a constamment prouvé, au contraire, que l'addition d'alcool est très-convenable dans les vins qui n'ont pas assez de force par eux-mêmes. (*Note du Traducteur*).

vin d'aigrir, l'y dispose, au contraire;
c'est donc une erreur d'employer l'eau-de-
vie comme préservatif du vin. Cette manière de voir est opposée à toutes les opinions populaires qui se fondent certaine-
ment sur des analogies vagues et erronées,
tirées de propriétés conservatrices attribuées à l'esprit de vin. Il importe d'autant
plus de fixer sur ce point l'attention de
ceux qui s'occupent de la fabrication des
vins factices, qu'il y a une opinion répandue, que ces vins sont moins que tous les
autres capables de se conserver, et ne peuvent exister sans ce mélange.

Son effet, au contraire, est de détruire
la vivacité qui est souvent le seul mérite
qu'ils possèdent, tandis qu'il augmente la
dépense et diminue leur salubrité. Si, par
goût ou par préjugé, on veut que le vin ait
plus de force qu'il n'en a naturellement,
et qu'on désire y ajouter de l'esprit, on
peut le faire, mais avec certaines restric-
tions, et on obtient un mélange dans lequel non-seulement un palais délicat distingue l'eau-de-vie, mais aussi dont tous
les mauvais effets sont évidens. Pour rendre

ce mélange plus intime et moins nuisible,
il faudrait le faire pendant que la fermentation est en activité. Le moment le plus
convenable est celui de la fermentation insensible qui a lieu dans le tonneau. Par
cette méthode, une portion au moins de
l'esprit de vin ajouté forme, avec le vin,
une combinaison permanente, à cause de
la fermentation qu'il a éprouvée, et c'est la
manière de détériorer le vin le moins possible.

Le docteur Macculloch recommande d'a-
jouter du tartre brut ; la dose peut varier
de un jusqu'à six pour cent , sans altérer la
qualité du vin , parce qu'une grande partie
de celui qui échappe à la décomposition se
dépose par la suite. Tous les fruits, excepté
celui de raisin , demandent une plus ou
moins grande quantité de ce sel.

Dans la fabrication des vins factices, il
faut donc avoir soin de ne pas employer
trop peu de fruit, par rapport au sucre
employé, car c'est principalement ce qui
rend la fermentation incomplète, et donne
ainsi aux vins factices une saveur douce et
fade qui les rend insupportables à beau-

coup de personnes, et peut-être même à
tout le monde, si on n'y ajoutait pas de
l'eau-de-vie. La force du vin est toujours
proportionnée à la quantité de sucre employée, pourvu qu'il soit entièrement décomposé. Un jus donne donc un vin d'autant plus fort qu'il est naturellement plus
sucré, ou que, dans la pratique, on y
ajoute une plus grande quantité de sucre
avant la fermentation, pourvu qu'on ait
toujours soin d'ajouter assez de levain pour
assurer la complète décomposition du sucre
sans laquelle le produit acquiert de la douceur sans acquérir de la force. Mais, même
avec cette précaution, il y a une limite à
la quantité de sucre que l'on peut employer, et cette limite dépend évidemment
de la quantité d'eau nécessaire pour la fermentation. On doit laisser continuer la
fermentation plus long-temps, si on veut
avoir un vin sec, et moins long-temps pour
un vin doux. Mais, au contraire, si on veut
conserver le parfum ou le bouquet du vin,
il faut nécessairement en diminuer la durée. Il en sera précisément de même si on
veut obtenir un vin mousseux, parce que

l'acide carbonique duquel dépend exclusi-
vement cette qualité serait irrévocablement
dissipé en prolongeant trop la fermentation.

CHAPITRE III.

DIFFÉRENS VINS DE FRUITS.

Vin de groseilles à maquereau.

PRENEZ 22 kilogrammes et demi (45 liv.)
de groseilles qui ne soient pas encore mûres, débarrassées des restes des fleurs et de
leurs queues, écrasez-les par parties dans
un cuvier de bois ou au moyen du moulin
qu'on voit sur la planche jointe à la fin de
cet ouvrage, sans trop presser les peaux, et
sans écraser les pépins, délayez la masse
dans 15 litres d'eau, et, après l'avoir abandonnée pendant dix ou douze heures, mettez-la dans un sac de canevas grossier, et
exprimez la liqueur; mettez sur le résidu
trois litres et demi d'eau, laissez-le macérer douze heures, pressez-le et ajoutez-en le
jus à celui que vous avez déjà obtenu. Mettez le tout dans un cuvier, et ajoutez-y de

14 à 18 kilog. (30 à 56 livres) de sucre blanc, selon la force et la douceur qu'on veut donner au vin, et 450 grammes (14 onces) de tartre brut bien pulvérisé.

Remuez le mélange, et ajoutez-y de l'eau jusqu'à ce que vous ayez un volume de quarante litres ; couvrez-le avec une couverture ou un sac, et laissez-le dans un endroit un peu chaud.

Au bout d'un jour ou deux, le liquide commencera à fermenter, et lorsque la mousse qui apparaîtra à la surface s'y sera répandue uniformément, écumez-la, et répétez cette opération de temps en temps, jusqu'à ce qu'il ne se forme plus d'écume. Lorsque la fermentation sera arrivée à ce point, vous tirerez la liqueur de dessus la lie, dans un tonneau qu'on doit toujours tenir plein.

Une petite quantité d'écume continuera toujours à se séparer et à couler par la bonde, à cause de la fermentation lente qui aura lieu dans le tonneau, et qui diminuera la quantité de liqueur ; cette perte doit être réparée en ajoutant de temps en temps une portion de la liqueur qu'on a

faite dans ce but, de manière que le tonneau soit toujours plein jusqu'à la bonde.

Lorsque la fermentation aura presque
cessé, il faudra mettre le bondon et l'enfoncer légèrement, mais il faudra percer
un petit trou à côté, et y adapter légèrement un fausset, pour laisser une issue à
l'acide carbonique qui pourra se dévelop-
per. Lorsqu'il ne se formera plus d'écume,
on pourra boucher cette ouverture avec le
fausset, et laisser le tonneau tranquille cinq
ou six mois. Après ce temps, il faudra soutirer le vin dans un autre tonneau, et, s'il
n'est pas clair, on pourra le clarifier en y
mettant une petite quantité de colle de
poisson dissoute dans l'eau, ce qui le rendra clair en peu de jours après lesquels on
peut le mettre en bouteilles et le porter
dans une cave fraîche.

Si le vin est trop doux, on peut, avant
de le tirer au clair, exciter de nouveau la
fermentation, en l'agitant dans le tonneau
et le laisser reposer dans un endroit chaud.
Par ce moyen, une nouvelle portion du
sucre non décomposé, qu'il contient, dis-
paraîtra. On peut alors décanter le vin.

Quelquefois il a besoin d'être décanté une seconde fois dans un tonneau propre, après qu'on l'a laissé reposer deux mois. Dans quelques cas, il faut le mettre en bouteille pendant le mois de mars, pourvu que le vin soit devenu parfaitement clair ; s'il ne l'était pas, c'est qu'on aurait fait quelque faute en le fabriquant.

Vin de groseilles à maquereau, ou de groseilles à grappes mûres.

On peut, pour faire le vin de groseilles à maquereau mûres, suivre le même procédé que nous venons d'indiquer. Mais le produit des fruits mûrs a toujours moins de goût, et on ne peut pas le rendre agréable, à moins, peut-être, de séparer avec soin les peaux et les pépins. Le vin que l'on peut obtenir des groseilles à maquereau mûres ou des groseilles à grappes, peut être à volonté doux ou sec. Les préceptes que nous venons de donner sur la manière de conduire la fermentation du vin, et de le soutirer, doivent également s'appliquer ici. Si l'on veut faire du vin doux, il ne faut pas que la quantité de fruit surpasse 18 kilog. (56 livres), si l'on veut du vin sec, on peut la porter jusqu'à 27 kilog. (54 livres), pour 15 kilog. et demi (7 livres) de sucre; si l'on veut avoir un vin plus fort, et d'une autre qualité, il faut porter la quantité de sucre jusqu'à 18 kilog. (36 livres.)

Vin mousseux de groseilles à maquereau.

Ecrasez 18 kilog. (36 livres) de groseilles non mûres, et après y avoir versé 4 litres d'eau, exprimez-en le jus, ajoutez y 5 kilog. et demi (11 livres) de sucre, et 170 grammes (5 onces et demi) de tartrate de potasse (crême de tartre) que vous aurez préalablement réduit en poudre fine ; laissez fermenter la liqueur dans un cuvier pendant deux jours seulement, et mettez-la dans un tonneau que vous aurez soin de tenir toujours plein, en y ajoutant, de temps en temps, de la liqueur, jusqu'à ce que la fermentation ait été poussée assez loin pour que le bruit que l'on entend à la bonde soit à peine sensible ; il faut alors en-

foncer le bondon et le fausset, et laisser le
tonneau tranquille dans une cave fraîche,
jusqu'au mois de novembre. C'est alors
qu'il faut tirer la liqueur au clair dans un
tonneau ou dans des bouteilles.

Il y a une autre méthode que voici:
écrasez les groseilles, abandonnez-les pendant douze heures, exprimez-en le jus, et
après les avoir passées dans un tamis, pour
en séparer les grains, mesurez-en le volume, et ajoutez, à chaque litre de liqueur,
500 grammes (1 livre) de sucre blanc,
laissez-le fermenter, et quand il sera parfaitement clair, ce qui arrivera au bout de
trois mois, tirez-le en bouteilles. Ou écrasez les groseilles, et ajoutez à chaque litre
de groseilles un litre d'eau, remuez le mélange, et après l'avoir abandonné pendant
douze heures, passez-le dans un linge épais
ou dans un tamis de crin, ajoutez à chaque
litre de jus 500 grammes (1 livres) de sucre,
mettez la liqueur dans un tonneau et lais-
sez-la fermenter; lorsque la fermentation
aura presque cessé, soutirez la liqueur,
rincez le tonneau, et, à chaque litre de liquide, ajoutez 60 grammes (2 onces) de

sucre, remettez-le dans le tonneau, et bon-
donnez-le pendant six semaines environ ;
après ce temps, il sera bon à mettre en
bouteilles.

Les peaux des groseilles et tout le marc
et le jus peuvent être mis en fermentation
tous ensemble, avec le sucre, dans la cuve,
dès le commencement ; par ce moyen, la
fermentation sera plus rapide, et le vin
deviendra plus fort et moins doux, mais
il acquerra plus de goût.

Vin mousseux de groseilles à grappes.

Cueillez les groseilles lorsqu'elles ont
presque atteint leur entier développement,
mais avant qu'elles soient mûres, égrap-
pez-les, écrasez les, et suivez les mêmes
procédés, pour obtenir le jus, que nous
avons indiqués pour la fabrication du vin
mousseux de groseilles à maquereau, ajoutez-y la même quantité de sucre et de tartrate de potasse. La fermentation et le traitement ultérieur du vin seront semblables
à ceux que nous avons indiqués au cha-
pitre du vin mousseux de groseilles à maquereau.

4

Vin mousseux de raisin.

Comme les peaux et même les queues des raisins ne donnent aucun mauvais goût au vin, on peut les employer dans l'état de maturité dans lequel on pourra les avoir le plus facilement, et il n'est pas nécessaire de choisir une qualité particulière de raisins. Dans les endroits où on cultive la vigne en grand, l'habitude que l'on a d'éclaircir les grappes sur les ceps qui sont surchargés, fait qu'on peut y avoir des raisins verts. On peut alors employer les fruits qu'on jette. Le docteur Macculloch recommande d'attendre que les raisins soient prêts à mûrir ou que la saison soit tellement avancée qu'il n'y ait plus à attendre de changemens ultérieurs. Le procédé pour faire le vin mousseux de raisin, est le suivant :

Ecrasez les raisins avec un pilon de bois, ou un morceau de planche épaisse emmanchée au bout d'un bâton, en faisant attention d'écraser les pépins le moins possible.

La quantité de sucre à employer et le traitement sont précisément les mêmes que ceux indiqués pour la fabrication du vin de groseilles à maquereau; il faut seulement ajouter qu'on met fermenter la rafle avec le liquide dans le tonneau, puisque la peau du raisin ne donne aucune mauvaise qualité au vin; et puisque les queues, avant la maturité, ne sont pas devenues astringentes, tandis qu'elles augmentent en même temps la quantité d'extrait végétal ou de matière glutineuse qui est essentielle à la composition du vin.

Le moulin et la presse à fruit, dont la planche est jointe à cet ouvrage, conviennent très-bien pour écraser le raisin, aussi bien que toutes les autres espèces de fruits propres à faire des vins de ménage.

Vin mousseux de feuilles et de sommités de vigne.

On peut faire un excellent vin mousseux avec des feuilles et des sommités de vignes. Les feuilles sont meilleures lorsqu'elles sont jeunes, elles ne doivent pas avoir atteint tout leur accroissement, et on doit les arracher avec leurs queues. Pour faire 38 litres de vin, le docteur Macculloch conseille de mettre 26 à 3o litres d'eau bouillante sur 18 à 22 kilogrammes (36 à 44 liv.) de feuilles dans un tonneau assez grand, et de les laisser macérer pendant vingt-quatre heures. Après avoir soutiré la liqueur, il faut soumettre les feuilles à une forte presse, et, après les avoir lavées avec 4 litres d'eau, il faut les presser de nouveau. La quantité de sucre à employer peut varier, comme dans les premières recettes, de 11 à 13 kilogrammes (22 à 26 liv.); et, après avoir accru la liqueur jusqu'à 4o litres, il faut suivre les procédés indiqués pour le vin de groseilles à maquereau.

Vin de cacis.

Prenez des cacis lorsqu'ils commencent à mûrir, égrainez-les et écrasez-les dans un cuvier de bois, abandonnez la masse pendant vingt-quatre heures, puis exprimez le jus au travers d'un sac grossier ou d'un tamis; mettez ensuite sur la masse une petite quantité d'eau et abandonnez-la dans le cuvier pendant douze heures; et, après en avoir exprimé la liqueur, ajoutez-la à la première; dans un litre de jus, ajoutez 5oo à 6oo grammes (16 à 19 onces) de sucre; la plus petite quantité de sucre que l'on puisse ajouter par litre est 36o grammes (11 onces et demie), et mettez le mélange dans un tonneau qui doit être entièrement rempli; laissez-le fermenter; et lorsque la fermentation commence à s'affaiblir, ce qu'on connaît à la diminution du sifflement, enfoncez le bondon et laissez le fosset ouvert. Quelques jours après, débouchez de nouveau le fosset, afin que l'acide carbonique qui aurait pu se former en quantité notable, puisse s'échapper, et on répètera la même opération de temps en temps jusqu'à ce qu'on ait plus à craindre les effets d'une trop grande expansion de gaz; on peut alors boucher définitivement le fosset. On peut soutirer le vin six mois après, et le mettre en bouteilles lorsqu'il est parfaitement clair.

Vin de baies de sureau.

Ce fruit est très-convenable pour faire du vin ; son jus contient une quantité considérable de la matière fermentescible qui est si essentielle pour produire une fermentation active, et sa belle couleur donne au vin une teinte riche ; mais, comme ce fruit manque de matière sucrée, il faut y suppléer largement. On rend ce vin bien meilleur en y ajoutant une petite quantité de tartrate de potasse. Le docteur Macculloch dit que la quantité de ce sel peut varier depuis 1 jusqu'à 4 et même 6 pour 100. On comprendra facilement la raison d'une telle latitude, en considérant qu'une grande partie du tartrate se dépose dans la lie ; j'observerai aussi que 2 ou 4 pour 100 seront une dose suffisante selon la plus ou moins grande douceur du fruit, les plus doux en exigeant davantage *et vice versâ*. La dose du tartrate de potasse doit aussi varier, suivant la quantité de sucre qu'on ajoute, en l'augmentant à mesure que celui-ci augmente.

A chaque litre de groseilles écrasées,
ajoutez un demi-litre d'eau, passez le jus
dans un tamis de crin, et à chaque litre de
jus étendu d'eau ajoutez 480 grammes (15
onces) de sucre; faites bouillir le mélange
pendant environ un quart d'heure et faites-
le fermenter comme nous l'avons dit plus
haut; voyez au *vin de groseilles à maquereau.*

Ou écrasez un boisseau de baies de
sureau; délayez la masse dans trente-huit
litres d'eau, et, après l'avoir fait bouillir
pendant quelques minutes, passez le jus et
pressez le marc; mesurez toute la quantité
de jus, et à chaque litre ajoutez 360 grammes (11 onces et demie) de sucre; et, pendant qu'il est encore chaud, mettez-y un
quart de litre de levure et remplissez le
tonneau avec de la liqueur que vous aurez
réservée.

Lorsque le vin est clair, on peut le soutirer (ce qu'on fera au bout d'environ trois
mois) et le mettre en bouteilles pour le
boire. Pour donner du bouquet au vin, on
peut employer du gingembre ou quelqu'autre substance aromatique qu'on met-

tra dans un sachet suspendu dans le tonneau, et qu'on ôtera lorsqu'il aura produit
l'effet désiré.

Vin de raisins anglais.

Ecrasez les raisins sans écraser les pépins, exprimez le jus et passez-le dans un
tamis, mettez sur le marc une petite quantité d'eau, laissez-le reposer vingt-quatre
heures et exprimez-en tout le jus qui y
adhère encore ; après cela, à chaque litre,
ajoutez 360 grammes (11 onces et demie)
de sucre laissez fermenter la liqueur et ob-
servez les règles que nous avons indiquées
pour faire le vin de groseilles à maquereau.

Vin de groseilles rouges et de cacis.

Un mélange de parties égales de groseilles rouges et de cacis donne un excellent
vin d'un goût supérieur à celui du vin
qu'on obtient de l'un ou de l'autre de ces
fruits séparément.

Ecrasez les groseilles, et, après en avoir
exprimé le jus, étendez-le d'une pareille

quantité d'eau, et, à chaque litre de cette
liqueur, ajoutez 480 grammes de sucre;
mettez-le dans un tonneau, en en conservant une petite quantité pour le remplir,
et placez-le dans un lieu chaud pour le
faire fermenter, en ayant soin de remplir
le tonneau avec le jus que vous aurez conservé. Lorsqu'il a cessé de fermenter, bou-
chez-le; et, lorsqu'il sera clair, soutirez-le
et mettez-le en bouteilles.

Vin de mûres.

Prenez des mûres presque mûries, écrasez-les dans un cuvier, ajoutez-y une égale
quantité d'eau, laissez reposer ce mélange
vingt-quatre heures, passez-le dans un tamis grossier, et, après avoir ajouté à chaque
litre 360 à 480 grammes (11 à 15 onces) de
sucre, faites-le fermenter, et, lorsqu'il
sera clair, mettez-le en bouteilles.

Vin de framboises.

Pour une quantité de neuf litres et demi
de framboises écrasées, ajoutez sept litres
et demi d'eau, laissez reposer le mélange

vingt-quatre heures, passez le dans un tamis de crin grossier, et, à chaque litre,
ajoutez-y de 240 à 360 grammes (8 à 11
onces) de sucre et faites-le fermenter.

Vin de cerises.

On peut faire un excellent vin de cerises
de la manière suivante : Prenez des cerises
qui ne soient pas encore mûres, ôtez les
queues, écrasez-les dans un mortier ou
dans une bassine pour détacher la pulpe
sans briser les noyaux, et abandonnez la
masse pendant vingt-quatre heures, pressez la pulpe sur un tamis grossier, et, à
chaque litre, ajoutez 320 ou 360 grammes
(10 à 12 onces) de sucre, mettez le mélange dans un tonneau, faites-le fermenter
et soutirez le vin aussitôt qu'il deviendra
clair. Quelques fabricans mettent les noyaux
et les amandes écrasés dans un sac qu'ils
suspendent dans le tonneau par la bonde,
pendant la fermentation du vin qui acquiert par là un goût de noyaux.

Autre vin de cerises.

Prenez quarante livres de cerises bien mûres, les guignes et les cerises noires sont préférables aux autres espèces de cerises, écrasez-les, après en avoir ôté les noyaux, et mettez la pulpe séjourner dans un vase pendant vingt-quatre ou trente heures, passez-le au travers d'un linge et ajoutez dix ou douze livres de sucre, et quand vous aurez bien agité le mélange et que le sucre sera dissous, vous mettrez le tout dans un tonneau qui contienne cinq litres de moins que vous n'avez de liqueur, afin de pouvoir le remplir à mesure qu'elle fermentera; quand la fermentation sera apaisée, on y jettera les noyaux concassés, on mettra le tonneau à la cave, on le bondonnera, et, quelques mois après, on pourra le mettre en bouteilles. On obtiendra environ dix litres de vin, en employant les doses que nous venons d'indiquer. C'est par ce procédé que M. *Réaumur* préparait tous les ans une certaine quantité de liqueur qu'il servait comme vin de dessert.

Vin de prunes.

On peut, par le même procédé, obtenir du vin de prunes. En Angleterre, c'est la prune dé Damas qu'on préfère pour cet usage. A Hambourg, on fait une espèce de vin du Rhin avec des prunes, en substituant au sucre de la drêche de brasseur, c'est-à-dire de grains germés : le goût de cette matière· sucrée se marie très-bien avec celui des prunes.

Lorsqu'on emploie des prunes douces, on peut se dispenser de les faire cuire ; mais la cuisson sera nécessaire toutes les fois qu'on mettra en usage des fruits acerbes.

Vin de coings.

Le vin de coing est surtout remarquable par son parfum.

Prenez une vingtaine de coings d'une moyenne grosseur, râpez la pulpe sans atteindre le cœur et mettez-la dans dix litres d'eau bouillante, laissez reposer vingt-quatre heures, passez le jus dans un tamis et

le marc au pressoir, ajoutez deux livres de
sucre, une écorce de citron, quelque peu
de levure de bière, faites fermenter pendant huit jours, ensuite mettez la liqueur
en tonneau ; et, après trois mois de séjour
à la cave, vous pourrez là mettre en bouteilles.

Vin de fruits mêlés.

La méthode suivante de faire un excellent vin est tirée du journal de la société
de Bath. v. 11.

« Prenez des cerises, des cacis, des groseilles blanches, des framboises, de toutes
une quantité égale : il vaut mieux cependant que les cacis dominent ; mettez dans
un litre d'eau 480 grammes (15 onces) de
ces fruits mêlés, laissez-les tremper trois
jours et trois nuits dans un vase fermé, en
remuant souvent la masse ; alors passez-la
au travers d'un tamis, pressez la pulpe qui
reste le plus possible, réunissez-en le jus
au premier, et, à chaque litre de liquide,
ajoutez 360 grammes (11 onces et demie)
de sucre, laissez encore reposer le tout pendant trois jours et trois nuits, en le re-

muant souvent, comme la première fois, après avoir écumé la surface ; mettez-le alors dans un tonneau que vous tiendrez plein jusqu'à la bonde, pendant la fermentation, durant deux semaines, enfin, ajoutez 28 pour 100 de bonne eau-de-vie et alors bouchez la bonde ; s'il ne s'éclaircit pas bientôt, il faudra y mêler une dissolution de colle de poisson.

Vin de gingembre.

Dissolvez 8 à 9 kilogrammes (16 à 18 liv.) de sucre dans 36 litres d'eau bouillante et ajoutez-y 280 à 340 grammes (9 à 11 onces) de racines de gingembre pilées, faites bouillir le mélange pendant environ un quart d'heure, et lorsqu'il sera presque froid, ajoutez-y un quart de litre de levure et mettez-le fermenter dans un tonneau, en ayant soin de le remplir de temps en temps avec le surplus de la liqueur faite dans cette intention ; lorsque la fermentation cessera, soutirez le vin, et, lorsqu'il sera clair, mettez-le en bouteilles.

On a coutume de faire bouillir les écorces

de quelques citrons avec le gingembre,
pour donner au vin le goût de citron.

Vin de primevères.

Dissolvez 11 kilogrammes (22 livres) de
sucre dans 36 litres d'eau bouillante, remplissez de cette dissolution un tonneau de
34 litres, et ajoutez-y, pendant qu'il est
encore chaud, un quart de litre de levure de bière. (On a l'habitude d'y ajouter aussi les écorces de douze citrons.) Laissez fermenter le mélange, et, lorsque la
fermentation aura presque cessé (mais
non avant), ajoutez huit ou dix poi-
gnées de pétales de primevères et laissez
continuer la fermentation comme à l'ordinaire; lorsque le vin sera clair, tirez-le
en bouteilles. Si l'on avait ajouté les fleurs
au commencement de la fermentation,
leur parfum aurait été en grande partie
dissipé : au lieu qu'en ajoutant les pétales
des fleurs à la fin de la fermentation, ou en
les suspendant quelques jours dans le tonneau, leur parfum reste combiné avec le
vin.

Vin d'abricots.

Prenez des abricots presque mûrs, ôtez-
en les noyaux et écrasez la pulpe dans
un mortier, ajoutez-y un litre d'eau pour
5 kilogrammes et demi (7 liv.), abandonnez le mélange pendant vingt-quatre
heures, et alors exprimez-en le jus; ajoutez à chaque litre 240 grammes (8 onces)
de sucre, mettez le tout fermenter dans
un tonneau, et, lorsqu'il sera parfaitement
clair, mettez-le en bouteilles.

On peut faire, de la même manière, le
vin de pêches.

Vin d'oranges.

Comme les oranges (ainsi que les citrons) sont assez communes, nous ne les
passerons point sous silence. Ils diffèrent
principalement des autres fruits, par la
quantité d'acide libre qu'ils contiennent.

Prenez l'écorce extérieure de cent oranges, sans prendre la peau blanche, versez
dessus 10 litres d'eau bouillante, abandonnez-la pendant huit ou dix heures; et, après

avoir passé la liqueur, pendant qu'elle est
encore un peu chaude, ajoutez-y le jus de
la pulpe, 11 à 13 kilogrammes (22 à 26
livres) de sucre et quelques cuillerées de
levure, laissez-le fermenter dans le tonneau
pendant environ cinq jours, jusqu'à ce
que la fermentation ait visiblement cessé ;
et, lorsque le vin sera parfaitement clair,
soutirez-le et mettez-le en bouteilles.

Vin de raisins secs.

Sur 12 kilogrammes (24 livres) de raisins dont vous aurez ôté les queues, mettez 25 litres d'eau bouillante et ajoutez 3
kilogrammes (6 liv.) de sucre; laissez-les
macérer dix à quatorze jours, en les remuant chaque jour ; alors transvasez la
liqueur, pressez les raisins et ajoutez-y
370 grammes (12 onces) de tartrate de potasse bien pulvérisé, mettez la liqueur dans
un tonneau, conservez-en une quantité
suffisante, et lorsque la fermentation aura
cessé, soutirez le vin. On trouve dans le
Museum rusticum la recette suivante, pour
faire le vin de raisins secs : « Mettez

100 litres d'eau dans un vase au moins d'un tiers plus grand et ajoutez-y 48 kilogrammes (96 liv.) de graines de raisins secs, mêlez bien le tout ensemble et couvrez le vase avec un drap ; après qu'il aura séjourné quelque temps dans un endroit chaud, il commencera à fermenter, et il faudra le remuer deux fois par jour pendant douze ou quatorze jours. Lorsqu'il aura perdu presqu'entièrement sa douceur et que la fermentation sera bien apaisée, ce qu'on connaîtra par la précipitation et le repos des raisins, passez le liquide en l'exprimant des raisins, d'abord avec la main et ensuite avec une presse ; mettez la liqueur dans un tonneau bien séché et chauffé, ajoutez-y 3 kilogrammes (6 liv.) de sucre et un peu de levure, en conservant une partie de la liqueur pour l'ajouter, de temps en temps, pour remplir le tonneau pendant la fermentation. »

On peut faire, de la manière suivante, du vin de raisins secs, ayant le goût du vin de Frontignan.

Prenez 3 kilogrammes (6 liv.) de raisins secs, faites-les bouillir dans 25 litres d'eau,

et lorsqu'elle sera bien douce, écrasez-les
sur une passoire pour en séparer les pépins,
ajoutez la pulpe à l'eau dans laquelle les
raisins auront bouilli, ajoutez au mélange
5 kilogrammes et demi (11 liv.) de sucre
blanc et laissez-le fermenter en y ajoutant un quart de litre de levure; lorsque
la fermentation aura presque cessé, ajoutez-y 2 litres de fleurs de sureau ren-
fermées dans un sac que vous suspendrez
dans le tonneau; et que vous ôterez lorsque le vin aura acquis le parfum désiré;
lorsque le vin sera clair, vous le tirerez en
bouteilles.

CHAPITRE IV.

De l'imitation des vins de liqueurs.

On donne le nom de vins de liqueurs à
des vins dans lesquels une partie de la matière sucrée n'a pas été décomposée par la
fermentation.

On se figure, en général, que les vins
de liqueurs imités sont mauvais à l'estomac;
mais c'est un préjugé que rien ne justifie.

Bien plus, nous regardons comme certain,
que ces espèces de vins seront souvent sup-
portés par des estomacs faibles qui ne sup-
porteraient pas certains vins naturels. La
raison en est que les vins artificiels faits
avec discernement ne renferment absolument que ce qui est nécessaire pour les
rendre liquoreux, spiritueux et aroma-
tisés précisément tels qu'on les désire, et
que les matières qui contribuent à ces
différentes qualités ont été purifiées cha-
cune en particulier. Il en résulte que le
vin ne renferme aucune matière extractive
inutile qui établisse dans l'estomac une fermentation dangereuse.

Nous avons déjà fait pressentir que les
vins de liqueurs doivent jouir de trois qualités principales : être liquoreux, spiritueux et avoir du bouquet. C'est par la plus
ou moins grande prépondérance de ces
trois qualités et par la diversité de la dernière, que les vins de liqueurs diffèrent
entr'eux. On leur donnera les deux premières, au moyen du sucre et de l'alcool,
et la troisième, au moyen de diverses substances aromatiques, en dissolvant, en

outre, dans l'eau qu'on emploie un cen-
tième de son poids de tartrate de potasse.

Ce sel existe dans tous les vins, et sa présence y paraît nécessaire pour lui donner
de la saveur et contribuer à sa conservation.
Si on observe que l'alcool est absolument
identique, quelles que soient les matières
fermentescibles qui l'ont produit, et qu'il en
est à peu près de même du sucre, on sera
convaincu que nous sommes les maîtres de
varier dans nos vins les deux premières
qualités, et les rendre à volonté plus ou
moins liquoreux, plus ou moins spiritueux.

Relativement à leur pesanteur spécifique, les vins de liqueurs sont précisément
le contraire des vins ordinaires dont la
bonne qualité se juge par sa légèreté spécifique, tandis que les vins de liqueurs mar-
quent 4 ou 5 degrés au-dessus de zéro à l'œ-
nomètre; on en rencontre même qui vont
jusqu'à 7.

Les vins liquoreux résultent généralement de moût d'une pesanteur spécifique
de 18 à 20 degrés. Vous pouvez vous en
procurer de la même pesanteur, en dissolvant en quantité convenable de sucre dans

de l'eau où vous aurez mis préalablement
un demi-centième de tartrate de potasse,
et vous vous serez ainsi procuré en un
instant un moût semblable à celui que
l'on n'obtient ordinairement qu'en un an.

Examinons maintenant ce que devient
ce moût dans la fermentation. La matière
sucrée se décompose et forme de l'alcool ;
mais, tandis que dans les vins ordinaires
toute la matière sucrée se convertira en
alcool, dans ceux de liqueur, il y en aura
un quart seulement, de sorte qu'il se formera environ un litre d'eau-de-vie sur
quatre litres de la liqueur, et les trois autres quarts resteront matière sucrée, d'où
il résulte qu'en ajoutant un quart d'eau-
de-vie à la liqueur, on évitera l'embarras
de la fermentation.

Ensuite ayant goûté votre vin, si vous
ne lui trouvez pas assez de liquoreux ou de
spiritueux, vous pourrez, à volonté, augmenter l'une ou l'autre de ces deux qualités, en ajoutant de l'eau-de-vie ou du sucre
le premier, pour le rendre plus spiritueux, et l'autre, pour le rendre plus liquoreux ; et il ne reste plus qu'à leur don-

ner l'arôme. L'arôme des vins de liqueurs n'est pas aussi prononcé que dans les vins ordinaires; cependant on peut apervevoir dans la plupart d'entr'eux le bouquet du muscat; mais il est souvent masqué par l'acide contenu dans le vin, et peut être rendu fort sensible en le désacidifiant. On peut donner aux vins l'arôme du muscat, par le moyen de fleurs de sureau, en faisant séjourner parmi elles, pendant quelque temps, le sucre que l'on emploie, ou en mettant les fleurs elles-mêmes dans la liqueur. On peut aussi employer des fleurs d'hièble ou de toute-bonne, ou encore mêler ces divers arômes dans diverses proportions, et produire par là des vins de différens goûts.

Pour bien confectionner soit les vins de liqueurs, soit les liqueurs, il est convenable de savoir préparer et employer les diverses matières aromatiques. Voici les principales.

CHAPITRE V.

Des arômes.

La cannelle, le girofle, le macis et la
vanille se préparent en les réduisant en
poudre et en les mêlant, par portions
égales, avec du sucre également en poudre.
Ce mélange doit être conservé herméti-
quement fermée.

L'iris de Florence se réduit en poudre,
mais ne se mêle pas avec du sucre, comme
les précédens.

Parmi les fleurs de sureau, ce sont celles
du sureau à feuilles de persil qui sont le
plus convenables pour imiter le muscat :
on les mélange avec du sucre pilé après
qu'elles sont séchées. Quelquefois on les
emploie fraîches, mais il faut toujours en
séparer les pédioles et les pédoncules.

Pour le parfum des roses et des fleurs
d'orange on peut l'obtenir soit en les distillant avec de l'eau, et on obtient ce qu'on

appelle de l'eau de rose ou de fleur d'o-
range; soit en les distillant avec de l'eau-
de-vie, et on obtient ce qu'on nomme de
l'esprit de ces fleurs, ou encore on mêle
ces fleurs, de même que les fleurs de sureau,
avec du sucre en poudre, et on pourra faciliter le passage de l'arôme dans le sucre,
en exposant le mélange à une température
de 50 à 60 degrés, et le remuant fréquem-
ment.

Quant aux framboises, on les fait infuser dans l'eau-de-vie et on distille l'infusion
pour la décolorer, on obtient l'esprit de
framboises.

Les amandes amères, la merise, les
noyaux d'abricots et de pêches se distillent
avec l'eau-de-vie et donnent les esprits de
ces fruits.

On obtient également l'esprit de citron,
d'orange, de bergamote, en distillant leurs
zestes avec de l'eau-de-vie, ou, plus simplement, en mêlant du sucre avec les
huiles essentielles de ces fruits.

L'ambre doit entrer dans les arômes,
mais sans y dominer: c'est une odeur fort
désagréable lorsqu'elle est concentrée,

mais qui peut faire d'excellens arômes lorsqu'elle est étendue.

Les arômes s'emploient seuls ou mélangés. Si on veut une liqueur d'un goût déterminé, par exemple, de canelle ou de girofle, ou autres, on emploie ces matières de manière que leur arôme soit dominant; car il faut observer qu'on doit toujours ajouter quelque peu d'un autre arôme pour donner un arrière-goût; une goutte d'huile essentielle ou un gramme d'esprit de citron, employé à cet effet, peut suffire à plusieurs litres; mais il faut bien prendre garde de donner un arôme outre mesure.

LIVRE III.

CHAPITRE PREMIER.

Du cidre.

Le cidre diffère des autres liqueurs fermentées par l'acide malique qu'il contient. On le retire presque toujours des pommes; sa qualité dépend de celle des fruits, du degré de leur maturité et de la manière de confectionner la liqueur.

Qualité des pommes.

Quelques personnes croient que les seules pommes propres à faire du bon cidre, sont celles qui sont douces ou amères, à l'exclusion de celles qui sont acides ou âpres; néanmoins toutes les pommes sont susceptibles de fournir du bon cidre lorsqu'elles sont traitées convenablement.

Dans quelques pays abondans en cidre, on mêle toutes les qualités de pommes pour sa confection; par là on obtient une qualité de cidre toujours la même, ce qui contribue puissamment à son exportation hors de la province.

La pomme doit être bien mûre, mais la maturité qu'elle acquiert sur l'arbre n'est point encore suffisante, il faut lui faire éprouver une seconde maturité, que quelques chimistes ont appelée fermentation saccharine, par un repos plus ou moins prolongé sur un sol exempt d'humidité et aéré, ou à son défaut sur un lit de paille; la pomme se débarrasse d'une partie de son acide qui, en se combinant avec le ligneux, forme du sucre. Lorsqu'on s'aperçoit en goûtant les pommes qu'elles ont perdu toute l'acidité qu'elles sont susceptibles de perdre, on procède au pressurage.

Pressurage.

Avant de soumettre la pomme au pressoir, quelques personnes la pilent; mais il vaut mieux l'écraser dans un moulin, ce qui d'ailleurs exige moins de travail. Le moulin, figure 1re de la planche qui est jointe à la fin de cet ouvrage, est propre à cet effet, et si l'on veut écraser une plus grande quantité de pommes à la fois, on se sert du moulin figure 2e. Ensuite on soumet la pulpe ainsi divisée au pressoir, et, après avoir exprimé tout le suc possible, on remanie le marc, on l'arrose avec de l'eau et on presse de nouveau, et la liqueur obtenue par cette seconde expression, quoique plus transparente, a une pesanteur spécifique égale à celle de la première qu'on appelle *mère-goutte*.

Fermentation.

Lorsqu'on a obtenu le moût, comme nous venons de le dire, on le fait fermenter. Pour cela, tantôt on le met dans des tonneaux, et on le soutire trois ou quatre fois à mesure que l'on voit un dépôt qui se forme à sa surface; lorsqu'il ne s'en élève plus, on le laisse s'achever par une fermentation insensible; d'autres fois, on le met dans des cuves, d'où on le soutire au bout de trois ou quatre jours, pour ne le plus soutirer. Par la première méthode, la fermentation est moins parfaite; mais le cidre est plus transparent.

Pour que la fermentation se fasse bien,

il convient que la température soit d'environ quinze degrés, ou moins si la masse est considérable.

On n'a encore fait qu'un très-petit nombre d'essais tendant au perfectionnement de l'art de fabriquer le cidre; cependant il en paraît susceptible. Nous allons donner un léger aperçu de ce qui a été fait à cet égard et de ce qui pourrait être tenté.

On a déjà vu dans ce qui précède la nécessité de la présence du sucre pour la fermentation, et que la qualité et surtout la spirituosité des liqueurs fermentées dépend presque en entier de la quantité de sucre contenue dans le moût, d'où il résulte que plus la saccharification est complète et plus le moût est propre à donner de bon cidre : c'est pourquoi il paraîtrait convenable de cuire les pommes avant de les convertir en moût, comme cela se pratique pour les groseilles et autres fruits acides. On remarque, en effet, que lorsque les pommes ont été soumises à la cuisson, il s'en sépare spontanément une liqueur douce, imprégnée de tout le parfum de la pomme, et qui a une pesanteur spécifique de quinze degrés et plus, au lieu que le moût obtenu de la manière ordinaire n'en a une que de huit degrés au plus.

On peut, si on le désire, pour lui rendre la sapidité que peut lui avoir ôtée la cuisson, y introduire du tartrate de potasse, et par là le rapprocher du vin.

La cuisson peut s'opérer ou à sec, ou dans l'eau, ou par le moyen de la vapeur. Des expériences comparatives bien faites feraient voir lequel est préférable.

Un amateur anglais prétend avoir imité du vin de Madère, en ajoutant à du cidre de bonne qualité l'alcool obtenu par la distillation d'une égale quantité de cidre.

On pourrait également communiquer divers arômes au cidre; mais leur choix dépend entièrement du goût et de l'expérience.

Il est souvent à craindre que le cidre entre de nouveau en fermentation et se détériore rapidement. Pour prévenir cet inconvénient, il faut carboniser l'intérieur des tonneaux dans lesquels on le met. Le même moyen pourrait s'employer pour le vin; mais le décolorerait.

Le cidre se met ordinairement en bouteilles au mois de mars. Il faut bien observer en procédant à cette opération de ne
pas les boucher immédiatement : les bouteilles casseraient. Il faut attendre quelques
jours pendant lesquels elles doivent être
bouchées très-légèrement.

Du petit cidre.

Le gros cidre dont la fabrication a été
traitée ci-dessus, ne peut pas plus servir à
l'usage journalier que les vins spiritueux.
Pour cet usage, on doit préférer le petit
cidre ; c'est pourquoi nous allons donner
la manière de le confectionner.

Après avoir extrait des pommes le cidre
véritable dont nous avons traité dans le
précédent paragraphe, on ajoute au marc
autant d'eau qu'on a fait de cidre, on le
broie bien et on le soumet de nouveau au
pressoir ; on peut y ajouter encore de l'eau,
si on désire un cidre très-léger, comme
aussi ajouter quelque peu de pulpe nouvelle au marc, si on désire, au contraire,
augmenter sa qualité.

On peut encore confectionner un cidre

qui tienne le milieu entre le gros et le petit cidre, en ajoutant plus ou moins d'eau à la pulpe fraîche, et en la traitant ensuite comme pour le gros cidre.

On a aussi imaginé de faire du cidre avec des pommes préalablement desséchées au four, et en les laissant ensuite macérer dans un égal volume d'eau, après quoi on les met fermenter dans des tonneaux clos, ce qui prolonge la fermentation pendant plusieurs mois.

Ce procédé est surtout digne d'attention, en ce que le cidre ne peut pas commodément se transporter à de grandes distances, tandis que le fruit desséché ne connaît aucune borne à cet égard, et qu'on pourra très-facilement conserver du fruit d'une année abondante pour une autre qui le sera moins.

Cidre cuit.

On fait bouillir jusqu'à réduction d'un quart et même d'un tiers, dans un chaudron de cuivre bien nettoyé, cinquante à soixante litres de cidre pur sortant du pressoir. Quand il est presque entièrement réduit au point déterminé, on ajoute deux ou trois kilogrammes (4 à 6 livres) de miel, et l'on écume soigneusement pour que la liqueur soit pure. Elle doit être ensuite versée dans une barrique de deux hectolitres (200 pintes) que l'on achève de remplir d'eau commune. Le tout sera bien remué avec un bâton tous les jours pendant une semaine, au bout de laquelle on goûtera la liqueur, que l'on peut fortifier, si l'on désire, en y ajoutant deux litres d'eau-de-vie.

Autre cidre cuit.

Il se prépare comme la boisson précédente et se conduit de même jusqu'à la fin, excepté qu'au lieu des divers fruits qu'on emploie pour le composer, on jette dans la barrique des pommes qui, coupées par tranches épaisses, ont été desséchées au four sur des claies, et que l'on conserve sainement pour y avoir recours au besoin. Quand on désire améliorer ce cidre, comme la liqueur précédente, on ajoute, en les préparant, un litre de mélasse ou de bonne eau-de-vie par 60 à 100 litres.

CHAPITRE II.

Du poiré.

Le poiré est extrait de la poire à peu près de la même manière que le cidre de la pomme; mais il vaut mieux le faire fermenter dans les tonneaux, comme le vin blanc, dont le goût est beaucoup mieux imité par le poiré que par le cidre : aussi le poiré est-il souvent employé pour falsifier le vin blanc, et quelquefois même le vin rouge, en y ajoutant du vin très-coloré ou une substance colorante.

Le poiré est réputé produire une ivresse beaucoup plus dangereuse que celle des autres liqueurs fermentées; c'est pourquoi il importe de masquer ses effets, en mêlant la poire à d'autres matières. On peut employer à cet effet du raisin; mais mieux du raisin sec, du sucre, du sirop de pommes de terre, du miel, etc.

1°. Faites chauffer du moût de poires obtenu par le moulin et la presse, tel que

nous l'avons décrit pour les pommes,
ajoutez-y dix à douze pour cent de raisins
secs, et, lorsque le mélange sera refroidi,
retirez le raisin pour le fouler, et remettez-
le néanmoins dans le moût; mettez le tout
dans un tonneau, soutirez quinze jours
après; et, après trois ou quatre mois de
repos à la cave, vous aurez un excellent
vin blanc.

2°. Dans un tonneau d'un hectolitre,
mettez trois décalitres de poires réduites
en pulpe, et achevez de remplir avec du sirop clair de pommes de terre d'une pesanteur spécifique d'environ huit degrés; après
avoir fermé légèrement le tonneau, expo-
sez-le pendant huit jours dans un lieu
chaud, après quoi vous tirerez dans un
autre tonneau et vous foulerez le marc.
Après un mois de séjour à la cave, ce vin
sera tel qu'on ne pourra le distinguer des
meilleurs vins blancs de raisin.

On peut remplacer le sirop de pommes
de terre par du sirop de sucre ou bien par
du syrop de miel ; ce qui rapproche le
poiré de l'hydromel dont nous allons
parler.

CHAPITRE III.

Des hydromels.

On donne ce nom à une préparation de miel et d'eau qui a servi anciennement de boisson aux Gaulois, et qui acquiert un goût vineux par la fermentation. On fait quelques hydromels balsamiques ou stomachiques sans fermentation; mais nous ne parlerons ici que des hydromels fermentés.

Pour obtenir dix litres d'hydromel, prenez treize litres d'eau que vous mettrez dans une chaudière capable d'en contenir le double, préparez une baguette, sur laquelle vous marquerez par un cran à quelle hauteur vont ces treize litres; ajoutez ensuite deux litres d'eau et quatre de miel; faites cuire le tout jusqu'à ce que cela soit réduit à la hauteur du cran, et ayez bien soin d'écumer l'eau durant sa cuisson toute entière; cela fait, on la retire de dessus le feu, et on la met dans un baril bien rincé

et échaudé, de la capacité de dix litres ; ensuite on l'expose au soleil pendant un mois,
et on remplit tous les matins le vide produit par l'évaporation avec les trois litres
gardés à cet effet ; on ferme ensuite la
bonde avec une plaque de fer-blanc per-
cée de petits trous, et, un mois plus tard,
on descend le baril à la cave et on y remet
le bondon ; et, si on a de la liqueur de
reste, on le remplira deux fois par mois.
On attend plus ou moins long-temps pour
le mettre en bouteilles. Les Anglais atten-
dent un an.

Si on veut rendre l'hydromel plus sapide
et lui donner du bouquet, on ajoute à la
quantité ci-dessus six onces de crême de
tartre et deux onces de fleurs de sureau ;
on peut aussi ajouter, après la cuisson,
une livre ou une livre et demie de levure
de bière, pour faciliter la fermentation.

Voici un procédé plus expéditif : Dissolvez du miel dans de l'eau, à raison de deux
livres par litre, mêlez-y du charbon animal et filtrez la liqueur pour la purifier,
puis ajoutez un quart de l'eau employée,
d'eau-de-vie où vous aurez mis infuser

quelques jours d'avance des fleurs de sureau et de l'iris de Florence, avec quelques
amandes amères; mettez le mélange quinze
jours au soleil, filtrez-le, il sera prêt à être
mis en bouteilles.

LIVRE IV.

CHAPITRE UNIQUE.

Sirop et sucre de pommes de terre.

A l'article poiré, nous avons dit qu'on pouvait remplacer le sucre par le sirop de pommes de terre ; on peut aussi avec beaucoup d'économie, et sans nuire à la qualité des produits, faire la même substitution pour tous les vins de fruits dans la recette desquels nous avons fait entrer le sucre : c'est pourquoi nous avons pensé qu'on serait bien aise de trouver ici la description détaillée du procédé qu'on suit pour convertir les pommes de terre en sirop et en sucre.

La première chose qu'on doit faire, c'est de convertir les pommes de terre en fécule ; pour cela, on commence par les râper, en se servant du moulin, dont on voit la figure à la fin de l'ouvrage. Lorsque toutes les pommes de terre sont réduites en pulpe, on les met dans un grand tamis de crin qu'on porte au-dessus d'un baquet de bois, ou mieux d'un tonneau défoncé d'un côté; puis on remplit le tamis d'eau, et on remue la pulpe, en râclant le fond du tamis avec une forte brosse de chiendent ou avec une petite palette de bois; lorsque toute l'eau est passée en entraînant la fécule avec elle, on en remet une seconde fois, et même une troisième, en ayant toujours soin de bien remuer. Il finit par rester dans le tamis tous les morceaux de pommes de terre qui n'ont pas été râpés assez fin et tout ce qui n'est pas fécule; cette opération faite, on laisse reposer quelque temps l'eau de lavage pour donner à la fécule le temps de se déposer, ce qui a lieu assez promptement, puis on décante l'eau doucement et on trouve la fécule en couche ferme au fond du tonneau, d'où on l'enlève pour la faire égouter dans un linge qu'on place dans un panier. Dans cet état, la fécule prend le nom de *fécule verte*. Il ne reste plus qu'à l'étendre sur des planches pour la faire sécher et qu'elle soit dans l'état où on la trouve ordinairement dans le commerce. Une fois qu'on a la fécule, voilà le procédé qu'on suit : On prend 100 livres de fécule qu'on délaie dans une assez grande quantité d'eau pour en faire une bouillie très-claire, puis on ajoute 3 livres d'acide sulfurique concentré (autrement huile de vitriol); il faut bien se garder de mettre cette liqueur dans un vase de cuivre, parce que celui-ci serait attaqué par l'acide sulfurique, ce qui formerait du sulfate de cuivre qui est un poison très-dangereux; vous mettrez donc cette liqueur dans un cuvier de bois dans lequel vous ferez arriver une grande quantité de vapeur pour porter promptement la masse à l'ébulition. Une fois qu'elle bout, il suffit d'y faire arriver assez de vapeur seulement pour la faire bouillir à très-petits bouillons; il faut continuer d'y faire arriver ainsi de la vapeur pendant six heures, au bout de ce temps, toute la fécule est convertie en sirop; il ne faut plus que la débarrasser de l'acide qu'elle contient : pour cela, on y ajoute de la craie ou blanc de Meudon pilé.

Aussitôt qu'on le jette dans la liqueur, il se produit une effervescence considérable et il se forme beaucoup de mousse qui tombe bientôt; lorsqu'en ajoutant de nouvelle craie, on voit qu'il ne se forme plus d'effervescence, on cesse d'en ajouter, et tout l'acide se trouve saturé. Il s'est alors formé du sulfate de chaux qui, étant insoluble, s'est précipité au fond de la liqueur, on la laisse bien reposer, puis on décante avec soin la liqueur presque claire qui est au-dessus : c'est cette liqueur qui contient le sirop; mais, comme il y a beaucoup d'eau, il faut la mettre dans un chaudron de cuivre et la faire évaporer jusqu'à ce qu'on trouve le sirop assez concentré pour l'usage auquel on le destine. Comme il contient alors encore un peu de sulfate de chaux et quelques impuretés, il faut le clarifier : pour cela, on prend trois blancs d'œufs qu'on bat bien dans un demi-litre d'eau et qu'on verse dans le sirop qu'on fait bouillir encore une ou deux minutes; l'albumine des blancs d'œufs se coagule par la chaleur et forme une écume qui vient à la surface, en entraînant toutes les

impuretés qui se trouvent dans le sirop ;
on enlève cette écume et on passe la liqueur
dans une chausse, on a alors un sirop très-
clair d'un très-bon goût et qui peut parfaitement remplacer le sucre ordinaire dans
presque tous les cas où l'on emploie ce dernier.

Pour convertir ce sirop en sucre, il suffit de le concentrer beaucoup et de le mettre
dans des vases où il se cristallise au bout de
quelque temps ; on obtient ainsi un assez
joli sucre qui, sans avoir la dureté et la
blancheur du sucre de canne raffiné, n'en
est pas moins bon pour faire toute espèce
de vin. On conçoit que ce sucre doit être
très-économique, puisque de 100 livres de
fécule sèche, on retire 100 livres de sucre.

TABLEAU *de la quantité d'Esprit contenue dans diverses qualités de vins.*

	Pour cent en volume.
Vin de raisins anglais..............	18. 11
— de groseilles à maquereau......	11. 84
— de groseilles à grappes.........	20. 55
— Tokay......................	9. 88
— de baies de sureau............	9. 87
— de Lissa....................	26. 47
— *idem*......................	24. 35
Moyenne..............	25. 41
— de raisins secs..............	26. 40
— *idem*......................	26. 77
— *idem*	23. 30
Moyenne...............	25. 12
— Marsala...................	26. 03
— *idem*.....................	25. 95
Moyenne..............	25. 09
— Madère...................	24. 42
— *idem*....................	23. 93
— *idem* (Sercial)..........	21. 40
— *idem*....................	19. 24
Moyenne..............	22. 27
— d'Oporto.................	25. 83
— *idem*....................	24. 29
— *idem*....................	23. 71
— *idem*....................	23. 39

Vin d'Oporto........................ 22. 30
  — *idem*............................ 21. 40
  — *idem*............................ 19. 96
       Moyenne.................. 22. 96
  — d'Andalousie (Xerès)............ 19. 81
  — *idem*............................ 19. 83
  — *idem*............................ 18. 79
  — *idem*............................ 18. 25
       Moyenne.................. 19. 17
  — de Ténériffe.................... 19. 79
  — de Colarès...................... 19. 75
  — Lacryma-Christi................ 19. 70
  — Constance (blanc).............. 19. 75
  — *idem*   (rouge).............. 18. 92
  — Lisbonne........................ 18. 94
  — Malaga (1666).................. 18. 94
  — Bucellas........................ 18. 49
  — Madère (rouge)................ 22. 30
  — *idem*.......................... 18. 40
       Moyenne.................. 20. 35
  — Muscat du Cap.................. 18. 25
  — du Cap (Madère).............. 22. 94
  — *idem*   *idem* 20. 50
  — *idem*.......................... 18. 11
       Moyenne.................. 20. 51
  — Carcavello...................... 19. 20
  — *idem*.......................... 18. 10
       Moyenne.................. 18. 65

Vin de Vidonia........................	19. 25
— Alba-Flora.......................	17. 26
— Malaga	17. 26
— Hermitage (blanc)...............	17. 43
— Roussillon.......................	19. 00
— *idem*...........................	17. 20
Moyenne...............	18. 13
— Claret ou vin de Bordeaux......	17. 11
— *idem*...........................	16. 32
— *idem*...........................	14. 08
— *idem*...........................	12. 91
Moyenne...............	15. 10
— Malvoisie (Madère)..............	16. 40
— Lunel...........................	15. 52
— Chiras..........................	15. 52
— Syracuse........................	15. 28
— Sauterne........................	14. 22
— Bourgogne......................	16. 60
— *idem*...........................	15. 22
— *idem*...........................	14. 53
— *idem*...........................	11. 95
Moyenne...............	14. 57
— Hock (vin du Rhin).............	14. 37
— *idem*...........................	15. 00
— *idem* (vieux, en tonneaux).....	8. 68
Moyenne...............	12. 08
— Nice............................	14. 62
— Barsac..........................	13. 86

Vin Tinto	13. 30
— Champagne	13. 80
— *idem* (mousseux)	12. 80
— *idem* (rouge)	12. 56
— *idem idem*	11. 30
Moyenne	12. 61
— Hermitage (rouge)	12. 32
— Grave	13. 94
— *idem*	12. 80
Moyenne	13. 37
— Frontignan	12. 79
— Côte rôtie	12. 32
— Orange. Moyenne	11. 26
Cidre, le plus spiritueux	9. 87
Idem, le moins spiritueux	5. 21
Poiré	7. 26
Hydromel	7. 32
Eau-de-vie	53. 39
Rhum	53. 68
Genièvre (Gin)	51. 60
Eau-de-vie de grains (Whiskey d'Ecosse)	54. 32
Idem, d'Irlande	53. 90

CONSIDÉRATIONS

SUR L'USAGE DU VIN.

L'usage du vin, pris à dose modérée dans le repas, ne peut qu'être salutaire, surtout aux personnes délicates et aux vieillards, et c'est surtout le vin rouge vieux et de bonne qualité qui a cet avantage. Quant à ses inconvéniens, écoutons ce qu'en dit un praticien habile qui a récemment écrit sur cette matière :

« Les divers degrés de sensibilité de l'estomac indiquent quelles sont les personnes qui doivent renoncer au vin, parce qu'il leur est décidément contraire. On peut être assuré que cette liqueur est capable de nuire, lorsque, après en avoir pris une quantité médiocre, l'haleine acquiert une odeur vineuse; lorsqu'elle occasione quelques rapports aigres, de légères douleurs de tête; lorsque, prise en quantité un peu plus grande qu'à l'ordinaire, elle procure des étourdissemens, des nausées et l'ivresse; lorsque surtout cette ivresse est sombre, chagrine, querelleuse, et porte à la colère ou à la fureur. Malheur à ceux qui, malgré ces avertissemens, persistent à en boire en certaine quantité! Ils ne manqueront pas de périr misérablement et d'une mort prématurée, c'est-à-dire vers l'âge de cinquante et quelques années. Leurs maladies les plus ordinaires seront des affections organiques dans les viscères du bas-ventre, et presque toujours une hydropisie incurable; pour peu que le cœur et les artères aient de la disposition à l'anévrisme, cette maladie fera des progrès rapides et les fera périr encore plus tôt.

« On connaît au contraire que le vin se digère facilement, lorsqu'on n'éprouve point, ou du moins que l'on n'éprouve que d'une manière bien moins sensible, les symptômes dont nous venons de parler, et que l'ivresse est spirituelle, babillarde et joyeuse. L'on observe à la vérité plus rarement chez ces personnes les obstructions et l'hydropisie; toutefois le tempérament change, et j'ai connu d'anciens militaires très-robustes qui s'étaient, disaient-ils, toujours bien trouvés du vin, et qui me consultaient pour des coliques habituelles, accompagnées de rapports acides : je ne doutai pas que ces obstructions ne fussent instantes, et je conseillai à ces malades de se mettre à l'eau, ce qu'ils avaient bien de la peine à concevoir ; et pourtant plusieurs furent guéris de cette manière.....

« Les amateurs du vin, séduits par les effets agréables qu'ils en éprouvent durant plusieurs années, et se vouant de plus en plus à son culte, finissent toujours par voir leur tempérament altéré avant l'âge de soixante ans, et la goutte, la gravelle, la pierre, la paralysie, la stupidité, l'imbécillité, devenir le partage de leur vieillesse.

« Il est inutile de dire que l'usage de l'eau-de-vie, des ratafias et des autres liqueurs spiritueuses, est infiniment plus pernicieux encore et plus meurtrier que celui du vin même. »

Les accidens fâcheux produits par le vin, c'est-à-dire par l'excès de cette première de nos boissons, sont aussi nombreux qu'incontestables. Toutefois la médecine l'emploie avec un grand succès en plusieurs cas où il rend à l'humanité des services importans dans les maladies occasionées par la faiblesse, soit chroniques, soit aiguës, telles, entre autres, que la mélancolie et la manie tranquille, l'hypocondrie nerveuse, l'hystérie nerveuse, l'épuisement ou la consomption dorsale, le marasme sénile, la fièvre hectique, le scorbut, les scrofules, les crampes d'estomac, les fièvres éruptives, les fièvres rémittentes et intermittentes malignes, la diarrhée atonique, etc.

Le vin est aussi employé avec avantage par les pharmaciens dans la composition de plusieurs de leurs médicamens. Lorsque c'est au vin blanc qu'ils ont recours, on peut le suppléer par le poiré, qui a beaucoup de rapports avec cette espèce de vin.

VOCABULAIRE

DES TERMES SCIENTIFIQUES

EMPLOYÉS DANS CET OUVRAGE.

Acétate de plomb. Combinaison de l'acide acétique avec l'oxide de plomb. On l'obtient en mettant de la litharge dans du vinaigre, en aidant la dissolution par la chaleur et en faisant cristalliser par le refroidissement. Ce sel est blanc; il est connu dans le commerce sous le nom de *sel de Saturne*, et il reçoit aussi quelquefois les noms de sucre de plomb et sucre de Saturne.

Acide. On donne ce nom à des substances qui ont le goût aigre, rougissent la teinture de tournesol, et celle de chou rouge, dissolvent les métaux à l'état d'oxides, et neutralisent les alkalis, c'est-à-dire masquent leurs propriétés. Ils se divisent en acides minéraux, végétaux et animaux, suivant qu'ils sont tirés de l'un ou l'autre de ces trois règnes.

ACIDE ACÉTIQUE. Acide végétal qui ne diffère du vinaigre qu'en ce que celui-ci contient quelques matières extractives dont il est débarrassé par la distillation. On le fait avec du vin qu'on fait fermenter au-delà de la fermentation vineuse, c'est ce qu'on nomme fermentation acéteuse ou acétique : obtenu par ce moyen, il s'appelle vinaigre. On l'obtient aussi du bois, en le distillant en vases clos. Dans ce cas, on le nomme acide pyroligneux ou vinaigre de bois. Mais, quel que soit le procédé à l'aide duquel on l'obtient, il devient identique par la distillation et la purification. Il est composé, comme tous les acides végétaux, de carbone, oxigène et hydrogène.

ACIDE CARBONIQUE. Cet acide qui portait autrefois le nom d'air fixe, résulte de la combinaison de l'oxigène avec le carbone. Il s'en produit abondamment dans la fermentation vineuse, qui s'échappe sous la forme de bulle d'air. Il est également produit dans la combustion du charbon et par l'immersion de la craie ou du marbre dans un acide minéral.

ACIDE MALIQUE. Cet acide principalement contenu dans les pommes, est contenu aussi en plus ou moins grande quantité dans presque tous les fruits.

ACIDE SULFUREUX. Acide minéral résultant de la combinaison du soufre avec l'oxigène. Il se forme par la combustion du soufre à l'air, et c'est lui qui cause cette odeur suffocante qu'on sent lorsqu'on brûle du soufre.

ACIDE SULFURIQUE. Cet acide ne diffère du précédent qu'en ce qu'il contient une fois et demie autant d'oxigène. On ne peut pas l'obtenir directement par la combustion du soufre sans la présence d'un corps qui ait pour lui beaucoup d'affinité, tel que l'eau et l'acide nitreux. On l'obtient en brûlant ensemble, dans une chambre de plomb dont le sol est couvert d'eau, du soufre contenant treize pour cent de salpêtre. L'acide qui se forme se dissout dans l'eau et se purifie par la distillation.

ACIDE TARTRIQUE ou tartarique. Acide végétal contenant une fois et demie environ autant d'oxigène que l'acide acétique. Il est principalement contenu dans le jus de raisin à l'état de tartrate de potasse.

ALBATRE CALCAIRE. Pierre composée, comme les marbres, de chaux et d'acide carbonique ; mais qui s'en distingue par son moins de dureté et sa transparence. On en fait des vases et des statues. Il est, en général, de couleur blanche.

ALBATRE GYPSEUX. Espèce de gypse ou pierre à plâtre plus dure et plus transparente que la pierre à plâtre ordinaire. Il est d'ailleurs composé, comme elle, de chaux et d'acide sulfurique. Il est, en général, blanc, mais quelquefois teinté de rose ou veiné de jaune, gris ou violet.

ALKALI. On donne le nom d'alkali à des corps qui ont une saveur brûlante et caustique, verdissent le sirop de violette, s'unissent à l'eau avec chaleur lorsqu'ils en ont été privés par la calcination, et neutralisent les acides, c'est-à-dire en masquent les propriétés. Il y en a quatre principaux : la chaux, la potasse, la soude et l'ammoniaque.

ALCOOL. Liquide produit par la fermentation dans les matières végétales qui en sont susceptibles. En distillant du vin, de la bière, du cidre ou autres liqueurs fermentées, on obtient de l'eau-de-vie; et, en distillant de l'eau-de-vie, on obtient de l'alcool. C'est la partie essentielle de toute espèce de vin : c'est ce qui en fait la force et le rend généreux.

DÉCANTER. On appelle décanter un liquide, le transvaser après l'avoir fait reposer, de manière à ne pas y mêler de nouveau le dépôt qui s'est formé au fond. Le soutirage est une vraie décantation.

FERMENT. Le ferment est une substance qui se sépare, sous forme de flocons plus ou moins visqueux, de tous les fruits qui éprouvent la fermentation vineuse. C'est en faisant la bière qu'on se le procure ordinairement; c'est pourquoi on le connaît sous le nom de *levure* de bière. Des hommes appelés levuriers le vendent à Paris, sous forme d'une pâte d'un blanc grisâtre, ferme et cassante.

GAZ SULFUREUX. Voyez acide sulfureux.

GLUTEN. Le gluten est une substance d'un blanc grisâtre, molle, collante et très-élastique. On l'obtient en pétrissant une poignée de farine de froment sous un petit filet d'eau jusqu'à ce que l'eau en sorte claire. Si on versait trop d'eau à la fois, il ne resterait rien dans la main. La nature du gluten le rapproche des matières animales.

HYDROGÈNE. C'est une substance gazeuse très-légère, connue autrefois sous le nom d'air inflammable. Combiné avec l'oxigène, il forme l'eau, et, combiné en diverses proportions avec l'oxigène et le carbone (ou charbon), il constitue presque toutes les matières végétales. On l'extrait de l'eau par le moyen du fer et de l'acide sulfurique pour gonfler les balons.

LEVURE. Voyez ferment.

MATIÈRE EXTRACTIVE. Nom vague donné au résidu que l'on obtient en évaporant jusqu'à consistance de miel ou jusqu'à siccité le suc, les infusions ou les décoctions de végétaux.

OXIDE. Résultat de la combinaison d'un métal avec l'oxigène. Par exemple, si l'on fait chauffer du plomb à l'air libre, il s'y formera une pellicule qui se renouvellera si on l'écarte sur les bords, et on pourra ainsi convertir une grande partie du plomb en oxide de plomb qui par sa nature est jaune ou rouge, suivant le degré d'oxidation; mais qui devient blanc par son union avec l'acide carbonique.

OXIGÈNE. On donne ce nom à la partie de l'air qui est seule respirable et susceptible d'entretenir la combustion. L'oxigène, en se combinant aux métaux, les transforme en matières terreuses nommées *oxides*. Il forme de l'eau par sa combinaison avec l'hydrogène, et entre dans la composition de presque toutes les matières végétales.

POTASSE. Cette substance connue aussi dans le commerce sous le nom de cendre gravelée, est un alkali extrait des cendres de végétaux par la lessivation, ou du tartre par la calcination.

PRÉCIPITÉ. Nom que l'on donne aux corps insolubles qui tombent au fond d'un liquide résultant du mélange de deux autres liquides, qui, chacun en particulier, n'auraient rien laissé déposer. Par exemple, si on mêle deux dissolutions parfaitement

claires, l'une de gélatine, l'autre de tannin, il se précipitera lentement un corps
insoluble qui est une combinaison de gélatine et de tannin.

SULFATE DE CHAUX. Combinaison d'acide
sulfurique et de chaux. Voyez albâtre
gypseux.

SULFATE DE CUIVRE. Ce sel est de couleur
bleue; il est le résultat de la combinaison
du cuivre, à l'état d'oxide, avec l'acide sulfurique; il est connu dans le commerce sous
les noms de couperose, vitriol bleu, vitriol
de Chypre, vitriol de cuivre.

SULFITE DE CHAUX. Ce sel, absolument
insoluble, est le résultat de la combinaison
de l'acide sulfureux avec la chaux. Il peut
s'obtenir soit en faisant passer du gaz sulfureux au travers de lait de chaux, soit en
mêlant du sulfite de potasse avec du ni-
trate de chaux, il se précipitera du sulfite
de chaux.

TANNIN. C'est un corps astringent, soluble dans l'eau et qui précipite la gélatine
et l'albumine; mais sa nature n'est pas
bien connue. On le trouve dans la noix de
galle, le thé et la plupart des écorces des

fruits. La manière la plus simple de s'en procurer une dissolution, est de faire infuser dans l'eau, de la noix de galle ou de l'écorce de chêne.

TARTRATE DE POTASSE ou crême de tartre. Ce sel ne se rencontre pas dans la nature à l'état neutre, c'est-à-dire sans propriétés acides ni alkalines. Il est le résultat de la combinaison de la potasse et de l'acide tartarique; mais celui-ci domine toujours, de sorte que le sel conserve les propriétés acides. Il n'existe en quantité notable dans nos climats que dans le raisin; il se dépose avec une petite quantité de lie et de tartrate de chaux sur les parois des tonneaux où l'on conserve le vin. Dans cet état, il porte le nom de *tartre brut*. Pour le purifier, on le dissout dans l'eau chaude, on le décolore avec de l'argile ou du charbon animal, et il cristallise par le refroidissement.

TARTRE BRUT. Voyez tartrate de potasse.

TEINTURE DE CHOUX. L'espèce de chou la plus propre à obtenir cette teinture est le chou rouge. En pilant les feuilles de chou et les soumettant ensuite à la pression, on obtient une teinture bleuâtre.

Elle sert à reconnaître si un liquide est
acide. Lorsqu'on met quelque peu de la liqueur à éprouver dans la teinture de choux
rouges, ne contiendrait-elle qu'un mil-
lième d'acide, la teinture tournera sensiblement au rouge.

FIN.

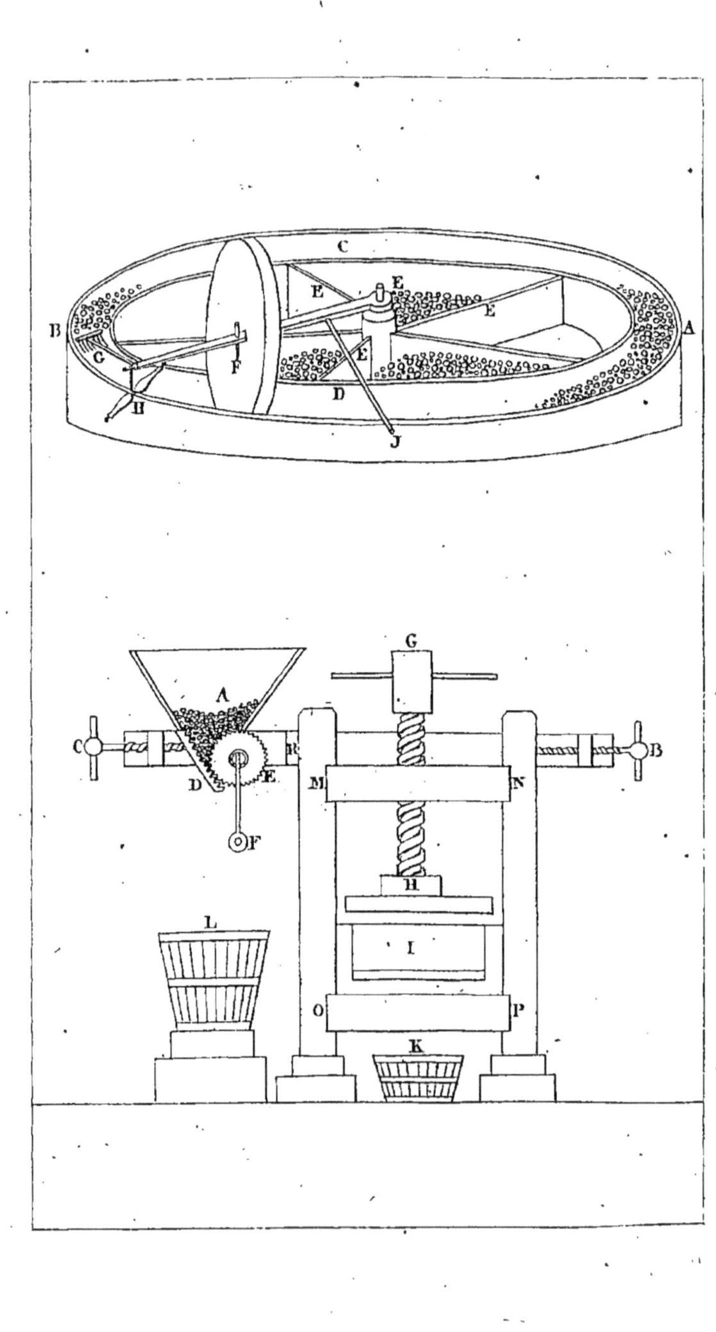
C
E
E
E
B
A
G
F
E
H
D
J
G
A
C
B
D
E
R
M
N
F
H
I
L
O
P
K

EXPLICATION DE LA PLANCHE.

FIGURE PREMIÈRE.

M O, N P jumelles de la presse.

M N sommier supérieur portant l'écrou dans lequel doit passer la vis G H.

O P sommier inférieur portant l'auge I, dans laquelle on met la pulpe à presser.

K vase destiné à recevoir la liqueur qui s'écoule du pressoir.

B C traverse qui sert à fixer le moulin A E sur la presse, par le moyen de la vis B et du tasseau R.

A espèce d'entonnoir propre à recevoir le fruit à écraser et à le laisser tomber entre le plan cannelé D et le cylindre E, auquel on donne un mouvement de rotation par le moyen de la manivelle F.

G vis destinée à approcher plus ou moins le plan cannelé D du cylindre E.

L vase pour recevoir la pulpe broyée qui tombe du moulin A D E.

FIGURE DEUXIÈME.

A B C D auge circulaire de la meule.

E E E E cases ou séparations pour mettre les différentes espèces de fruits avant le pressurage.

F la meule.

G rateau pour rabattre le fruit dans l'auge.

H palonnier pour atteler le cheval.

J conducteur du cheval.

TABLE DES MATIÈRES

DE L'ART DE FAIRE

LES VINS DE FRUITS.

LIVRE II.

Pages.

LIVRE III.

LIVRE IV.

DE L'IMPRIMERIE D'A. ÉGRON,
Rue des Noyers, no 37.

son casque; ses jambes et ses cuisses étoient, comme le reste de son corps, couvertes de mailles flexibles, et ses pieds étoient placés dans des souliers garnis de plaques comme ses gantelets. Un long et large sabre, à lame droite, à double tranchant, et dont la poignée étoit en forme de croix, suspendu à son côté gauche, faisoit le pendant d'un grand poignard placé du côté droit. Ferme sur sa selle, le chevalier tenoit en main son arme ordinaire, sa longue lance garnie d'acier, dont le bout reposoit sur l'étrier, et au fer de laquelle étoit attachée une petite banderolle, qui, tandis qu'il marchoit, flottoit en arrière tantôt agitée par le vent, tantôt comme endormie dans le calme. Au poids de cet équipement, il faut ajouter un surcot, comme on l'appeloit, de drap brodé, très-fané et très-usé, mais qui étoit utile en ce qu'il empêchoit les rayons brûlans du soleil de frapper sur l'armure, dont, sans cela, la chaleur seroit devenue insupportable. On voyoit en plusieurs endroits du surcot les armoiries du chevalier, quoique en partie effacées. Elles sembloient être un léopard couchant, avec la devise : « — Je dors, ne

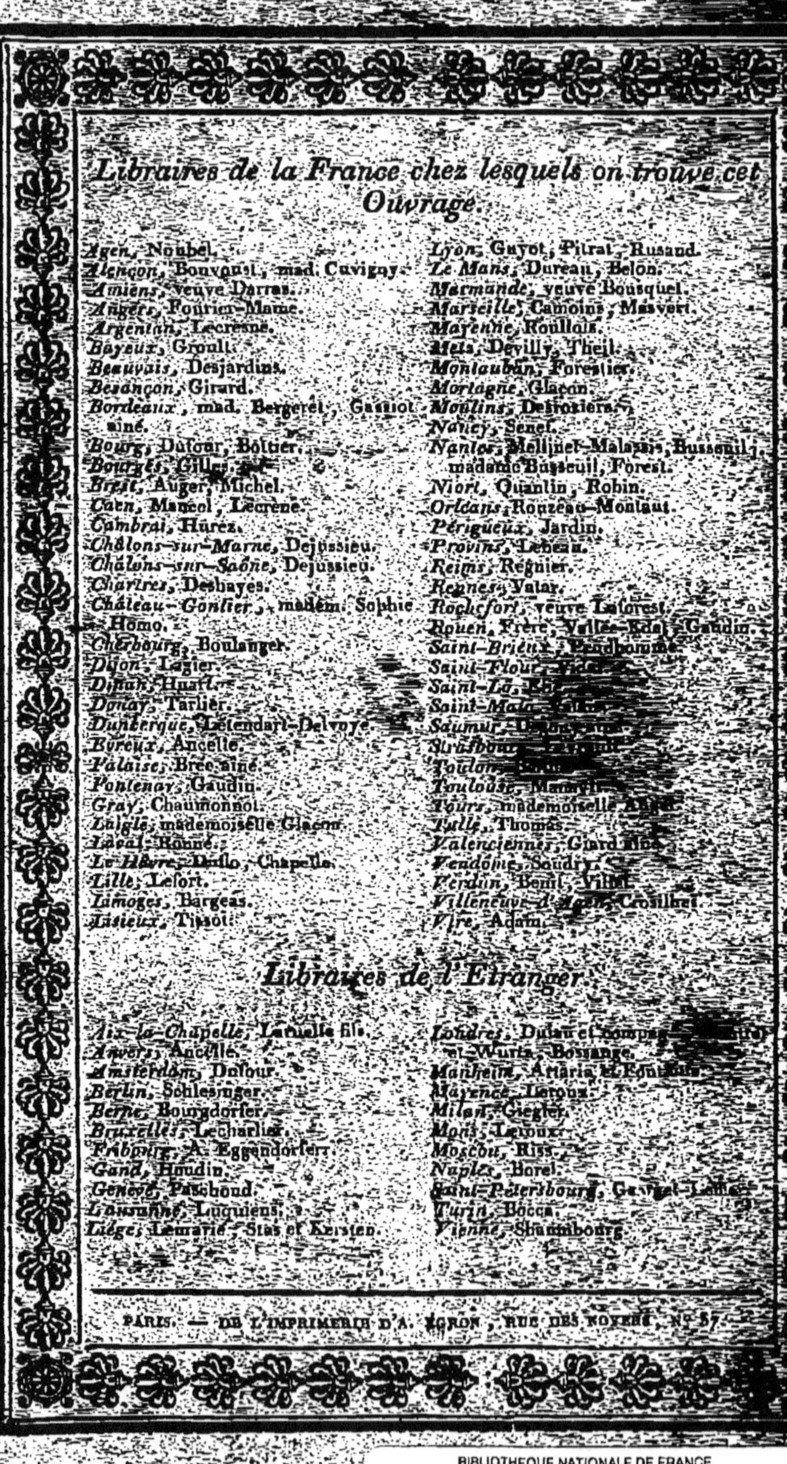

Libraires de la France chez lesquels on trouve cet Ouvrage.

Agen, Noubel.
Alençon, Bouvon..., mad. Cuvigny.
Amiens, veuve Darras.
Angers, Fourier-Mame.
Argentan, Lecresne.
Bayeux, Groult.
Beauvais, Desjardins.
Besançon, Girard.
Bordeaux, mad. Bergeret, Gassiot aîné.
Bourg, Dufour, Bottier.
Bourges, Gilles.
Brest, Auger, Michel.
Caen, Mancel, Lecrene.
Cambrai, Hurez.
Châlons-sur-Marne, Dejussieu.
Châlons-sur-Saône, Dejussieu.
Chartres, Deshayes.
Château-Gontier, madem. Sophie Homo.
Cherbourg, Boulanger.
Dijon, Lagier.
Dinan, Huart.
Douay, Tarlier.
Dunkerque, Letendart-Delvoye.
Évreux, Ancelle.
Falaise, Brée aîné.
Fontenay, Gaudin.
Gray, Chaumonnot.
Laigle, mademoiselle Glaçon.
Laval, Rohue.
Le Havre, Duflo, Chapelle.
Lille, Lefort.
Limoges, Bargeas.
Lisieux, Tissot.

Lyon, Guyot, Pitrat, Rusand.
Le Mans, Dureau, Belon.
Marmande, veuve Bousquel.
Marseille, Camoin, Masvert.
Mayenne, Roullois.
Metz, Devilly, Theil.
Montauban, Forestier.
Mortagne, Glaçon.
Moulins, Desrosiers.
Nancy, Senet.
Nantes, Mellinet-Malassis, Busseuil, madame Busseuil, Forest.
Niort, Quantin, Robin.
Orléans, Rouzeau-Montaut.
Périgueux, Jardin.
Provins, Lebeau.
Reims, Régnier.
Rennes, Valar.
Rochefort, veuve Latorest.
Rouen, Frère, Vallée-Edet, Gaudin.
Saint-Brieux, Prudhomme.
Saint-Flour, ...
Saint-Lô, ...
Saint-Malo, ...
Saumur, ...
Strasbourg, ...
Toulon, ...
Toulouse, Manavit.
Tours, mademoiselle ...
Tulle, Thomas.
Valenciennes, Giard ...
Vendôme, Soudry.
Verdun, Benil, Villel.
Villeneuve d'... Crosilhet.
Vire, Adam.

Libraires de l'Étranger

Aix-la-Chapelle, Laruelle fils.
Anvers, Ancelle.
Amsterdam, Dufour.
Berlin, Schlesinger.
Berne, Bourgdorfer.
Bruxelles, Lecharlier.
Fribourg, A. Eggendorfer.
Gand, Houdin.
Genève, Paschoud.
Lausanne, Luquiens.
Liège, Lemarié, Stas et Kersten.

Londres, Dulau et compag...
... et Wurtz, Bossange.
Manheim, Artaria et Fontaine.
Mayence, Leroux.
Milan, Giegler.
Mons, Leroux.
Moscou, Riss.
Naples, Borel.
Saint-Pétersbourg, Gavriel ...
Turin, Bocca.
Vienne, Schaumbourg.

PARIS. — DE L'IMPRIMERIE D'A. ÉGRON, RUE DES NOYERS, N° 37.